JENS FÖRSTER

DER KLEINE KRISEN KILLER

12 Wege, schwierige
Lebenssituationen
zu meistern

Besuchen Sie uns im Internet:
www.knaur.de

© 2017 Knaur Verlag
Ein Imprint der Verlagsgruppe
Droemer Knaur GmbH & Co. KG, München.
Alle Rechte vorbehalten. Das Werk darf – auch teilweise – nur mit
Genehmigung des Verlags wiedergegeben werden.
Lektorat: Sabine Wünsch
Covergestaltung: ZERO Werbeagentur, München
Coverabbildung: FinePic®, München / shutterstock
Satz: Adobe InDesign im Verlag
Druck und Bindung: CPI books GmbH, Leck
ISBN 978-3-426-21418-3

2 4 5 3 1

*Für Manfred und all die anderen Krisenkiller
meines schönen, wilden Lebens*

INHALT

Einleitung – Die Krise trennt
das Vergangene vom Zukünftigen
11

1. Sport – den Körper stärken
21

2. Natur – Energie und
Wohlbefinden atmen
37

3. Freunde, Gleichgesinnte –
sich (mit)teilen
55

4. Coaching – Ressourcen
(wieder)entdecken
71

5. Achtsamkeit –
im Hier und Jetzt sein
85

6. Religion und Spiritualität –
Licht saugen
102

7. Spenden, Ehrenamt,
helfen – Gutes tun
120

8. Wellness für Körper und Seele –
sich etwas gönnen
135

9. Hobbys und Lernen –
Horizonte erweitern
150

10. Musik und Kunst –
sich mit Schönem umgeben
169

11. Der Umgang mit der Krise –
konfrontieren oder meiden
189

12. Krisen einen Sinn geben
214

Nachwort
227

Danksagung
229

Literatur
231

»Wenn eine Tür zugeht, geht eine andere auf.«
Meine Mutter

EINLEITUNG

DIE KRISE TRENNT DAS VERGANGENE VOM ZUKÜNFTIGEN

Eine Freundin erzählte mir weinend, dass sie den Auszug des einzigen Sohnes nicht verkrafte. Ein Nachbar hielt mich auf dem Bürgersteig an und fragte mich, was ich ihm raten würde – seine Frau sei an multipler Sklerose erkrankt. Ein Manager zeigte mir seitenweise Ausdrucke eines Shitstorms, der gegen ihn lief. Ein Freund saß auf Kartons – seine Freundin hatte ihn verlassen. Eine Klientin war mit Kind und Studium sichtlich überfordert. Eine Studentin hatte ihren Vater bei einem Unfall verloren. Ich selbst stand vor dem Ende meiner Universitätskarriere, als mich obendrein eine Krebsdiagnose kalt erwischte.

Was kann man tun, wenn es einen hart trifft? Wenn das Schicksal zuschlägt? Wenn einem der Arsch auf Grundeis geht? Was würde ich Ihnen raten, mit meiner langjährigen Erfahrung als Psychologe in der Wissenschaft und in der Beratung? Was könnte Ihnen helfen?

In diesem Buch komme ich schnell zur Sache. Ich gehe davon aus, dass Sie in einer Krise sind und nicht viel Energie zum Lesen haben (alle anderen, die etwas über die Krise erfahren wollen, dürfen mitlesen, klar). Daher halte ich mich damit zurück zu berichten, welcher große Geist was zuerst gedacht hat und wessen Theorie dadurch widerlegt wurde. Zwar gründen die meisten meiner Gedanken auf wissenschaftlichen Befunden – das kann ich nach fünfundzwanzig Jahren Arbeit in der Wissenschaft auch gar nicht verhindern –, allerdings entstand die Idee zu einem Krisenratgeber ganz simpel durch einen Journalisten, der mir nach einem längeren Interview sagte: »Irgendwann müssen Sie mal erzählen, wie Sie diesen ganzen Mist so gut überstanden haben.« Ich werde also auch ein bisschen von mir berichten und dem, was ich aus meinen Krisen bisher gelernt habe.* Zudem beinhaltete mein Therapietraining am Institut für systemische Ausbildung und Entwicklung in Weinheim verschiedene Seminare zum Thema Krisen, die ich außerordentlich spannend fand. Eine vierte Quelle sind die vielen Beratungsgespräche, die ich als Coach und Therapeut mit Klienten führen durfte – von ihnen habe ich gelernt, dass sich viele Forschungsergebnisse mit ihren und meinen Erfahrungen decken. Ich erzähle Ihnen hier also einfach und direkt, was Sie einmal versuchen können, in der Hoffnung, dass Sie etwas Hilfreiches finden. Natürlich wird nach dem Lesen dieses Buches nicht der Weihnachtsmann aus Ihrem Kamin steigen und alles wieder gutmachen. Aber ich kann Ihnen die eine oder andere Tür öffnen, die Ihnen den Zutritt zu neuen Räumen bietet.

Stellen Sie sich vor, Ihr Leben sei ein Haus. Es ist ein schönes Haus mit vielen Räumen. Nehmen wir an, Sie kommen in Ihren Flur, hängen den Mantel an die Garderobe, gehen durch das Wohnzimmer, legen ihr Geld und Ihr Handy auf den Tisch und betreten dann das Arbeitszimmer. Sie stellen die Tasche auf den Schreib-

---

* Ich werde hier allerdings beim Thema Krisenbewältigung bleiben und an anderer Stelle eingehender auf den Skandal eingehen.

tisch, und plötzlich sehen Sie, dass ein Bienenschwarm an Ihrem Kronleuchter hängt. Sie sind in Panik, haben Angst um Ihr Leben und wissen nicht, was Sie tun sollen. Sie kriegen die Krise.

Es gibt einige Türen, die zu anderen Räumen führen; eine führt zur Küche, in der Sie einen Wasserschlauch deponiert haben, eine andere zum Flur, wo ein Feuerlöscher hängt, eine dritte geht in die Speisekammer, in der Sie Honig verstaut haben, und die vierte ist die Tür zum Wohnzimmer.

Sie sind richtig in Panik. Die Türen sind da, aber Sie sind total überfordert. Wie angewurzelt bleiben Sie stehen und denken an nichts anderes als die Gefahr. Obwohl die Türen zu Räumen leiten, in denen Lösungen liegen könnten, sind Sie nicht in der Lage, eine zu öffnen und etwas zu probieren.

Der Bienenschwarm soll nur ein Beispiel für alle möglichen Situationen sein, die uns stressen können. In Krisen sind wir häufig überfordert, wissen nicht ein und nicht aus. Wir bekommen einen Tunnelblick, der uns die Sicht auf mögliche Lösungen verstellt. Der eingeengte Blick auf den Bienenschwarm hindert uns daran, die Vielfalt an Möglichkeiten zu erkennen, das Problem anzugehen. Vielleicht schaffen wir es noch, auf eine Tür zu schauen. Aber mehr ist oft nicht drin. Nehmen wir an, Sie sehen immerhin die Tür, hinter der der Wasserschlauch zu finden ist. Sie denken an nichts anderes als an den Schlauch. Wie Sie ihn anschließen, in welchem Winkel Sie ihn halten müssen, damit die Bienen durch ein bestimmtes Fenster gescheucht werden, wie Sie versuchen, den Kronleuchter zu schonen, indem sie knapp darunter spritzen …

Menschen in Krisen halten häufig an einer Lösung fest, auch wenn sie nicht die beste ist – und sie sich dessen sogar bewusst sind. Kann ja sein, dass Sie schon einmal mit einem Wasserschlauch Bienen aus Ihrem Haus vertrieben haben und sich an die wahnsinnige Schweinerei danach erinnern – trotzdem: Sie denken nur noch an den Schlauch.

In einer Krise fallen einem naheliegende, andere Optionen gar nicht ein. Klar, wir wissen, dass Bienen Honig mögen, und so könnte es ja eine Idee sein, das Honigglas nach draußen zu stellen, um die Tiere hinauszulocken. Wir kennen diese Lösung, aber sie fällt uns einfach nicht ein.

Menschen mit Tunnelblick sind zudem alles andere als flexibel. Sie kämen gar nicht auf die Idee, im Wohnzimmer – zu dem Ihnen spontan gar keine Lösungsmöglichkeit einfällt – zu suchen. Dabei liegt dort das Handy, mit dem man einen Imker anrufen könnte – vielleicht sogar die beste Lösung, in dieser Lage.

In Krisen haben wir also oft *eine* Lösung, die uns nicht loslässt – wenn wir überhaupt eine haben. Dabei wäre es gerade in dieser Situation nötig, sich an *alle* Möglichkeiten zu erinnern, um sich die beste heraussuchen zu können oder sogar neue Lösungen zu entwickeln. Da Sie das gerade nicht können, möchte ich Sie in diesem Buch an eine Vielzahl von Türen erinnern, die vielen Menschen schon geholfen haben, um Krisensituationen zu ertragen oder vielleicht sogar eine oder mehrere Lösungen zu finden. Einige dieser Türen waren vermutlich in Ihrem Leben bereits einmal Hilfen gewesen. Sie sind jetzt mit Ihrem Tunnelblick aber schlichtweg blind dafür, und meine Idee ist es, Ihnen die Türen leise einen Spaltbreit zu öffnen, damit Sie leichter durchgehen können.

Der Raum, der Ihr Leben sein soll, hat in meiner Vorstellung mindestens zwölf Türen. Und es würde mich wundern, wenn Sie noch nie von diesen Türen gehört hätten. Es ist eine falsche Vorstellung, dass wir Psychologen unseren Klienten irgendeinen ihnen bis dahin vollkommen unbekannten, geheimen Schlüssel mitgeben. Um Zauberkünste geht es niemals in der Psychologie. Aber wir haben wirksame Methoden entwickelt, unsere Klienten zu stärken und ihre Problemlösefähigkeit zu wecken. Wir können kaum etwas hinzufügen, was nicht schon da gewesen wäre, vielmehr erinnern wir unsere Klienten an vorhandene Strategien, begleiten sie bei ihrem individuellen Lösungsprozess und aktivieren ihre kreativen Potenziale. Wir kräftigen den Menschen durch ihn selbst, suchen in ihm nach Ressourcen, Talenten, Stärken, die es ihm ermöglichen, einen ganz persönlichen und damit besonders wirksamen Lösungsweg zu entwickeln. Mir hat diese Methode in den schlimmsten Situationen meines Lebens geholfen, hat mich Mobbing, Verleumdungen, Burn-out, den Tod eines geliebten Menschen, den Verlust des Arbeitsplatzes, Krankheit und Verrat von Freunden überstehen lassen, und ich habe viele Klienten begleitet, denen es jetzt besser geht.

Im Prinzip wissen wir alle, wie man Probleme löst, sonst wären wir niemals so alt geworden, wie wir heute sind. Wie viel Scheiße ist uns schon im Leben passiert! Die Vier in Englisch und wie wir uns dafür geschämt haben. Diese Beate, die wir so heiß fanden und die uns nicht wollte, weil wir mit sechzehn Pickel hatten. Wie wir gemobbt wurden. Wie viel Stress uns ein Nachbar oder eine Bekannte gemacht hat, oder gar ein Freund. Und als wir das erste Kind bekamen und nicht wussten, wo uns der Kopf stand. Vielleicht haben wir schon einen geliebten Menschen zu Grabe getragen oder eine schlimmere Krankheit überstanden. Was haben wir nicht schon alles überlebt. Was haben wir nicht schon alles geschafft.

Und wenn wir ehrlich sind – Sie werden es jetzt nicht hören wollen, aber ich sage es trotzdem schon einmal vorweg –, was haben wir aus früheren Krisen nicht schon alles gelernt. Kaum ein Mensch verändert sich entscheidend, wenn es ihm gut geht. Warum auch? Wenn es läuft, läuft es. Never change a running system. Und selbst stressige Zeiten verlangen häufig keine Veränderung von uns. Wenn wir von unserem Chef mit Arbeit zugeschüttet werden und kurz davor sind auszurasten, animiert uns das nicht notwendigerweise, uns selbst zu hinterfragen. Stattdessen hoffen wir, dass das nur eine vorübergehende Phase ist, warten, bis sie vorbeigeht oder wir uns für abgestumpft genug halten, und machen dann wie gewohnt weiter. Die *Krise* aber, und das unterscheidet sie vom *Stress*, zwingt uns zur Veränderung. Sie bedeutet einen Umbruch. Sie stößt uns, ob wir wollen oder nicht, in eine neue Situation. In eine ungewohnte Situation. Unser Alltag, Routinen und Gewohnheiten werden infrage gestellt. Vielleicht müssen wir an einen anderen Ort ziehen, uns verkleinern, plötzlich allein leben oder, im Gegenteil, vergrößern und mit einem neuen Menschen, einem Kind oder mit den krank gewordenen Eltern zusammenziehen. Egal, ob wir uns durch die Krise eingeschränkt fühlen oder überfordert, weil wir den Wald vor lauter Bäumen nicht sehen: Im akuten Moment der Krise kommt es uns häufig vor, als seien wir in einer Schockstarre. In dieser Unbeweglichkeit können wir aber nicht bleiben. Wir müssen uns verändern, und davor haben wir Angst. Das Neue macht uns Angst, und diese Angst gilt es zu überwinden. Das ist unsere Aufgabe: das Neue anzunehmen, das Neue zu wagen, das Neue irgendwann sogar als Chance zu betrachten.

Nehmen wir eine gesundheitliche Krise, wie Hautkrebs oder eine Lebensmittelallergie. Tritt diese plötzlich auf, sind wir zunächst einmal erschrocken. Wir sind zudem gezwungen, uns zu verändern. Vermutlich leben wir dann gesünder. Aber so einfach geht das natürlich nicht – für Sonnenanbeter ist es nicht leicht, auf den Strandurlaub zu verzichten, und jemanden, der gern Baguette isst, kann die Aussicht auf einen lebenslangen Verzicht auf Weizenmehlprodukte deprimieren. Oftmals haben solche Einschnitte ja auch noch soziale Folgen: Vielleicht kommt die Freundin, die gern weiter am Strand liegen möchte, nicht mit in den so hautschonend wie möglich geplanten Wanderurlaub, und vielleicht werden die gemeinsamen Essen mit der Abi-Clique weniger, wenn die anderen immer in Restaurants gehen wollen, in denen man selbst kaum etwas essen kann, und uns baguettemümmelnd von tollen, hippen Bäckern erzählen. Aber wir lernen dazu. Wir bemerken durch die Veränderungen neue positive Aspekte: Wir entdecken andere spannende Urlaubsorte, entwickeln neue Interessen und gehen sorgsamer mit Lebensmitteln um. Wir wissen plötzlich besser, was wir wirklich wollen, und wir realisieren, wer unsere wirklichen Freunde sind. Vermutlich verändert sich nach solchen Ereignissen auch unser Bewusstsein für die Welt. Die Krise zwingt uns dazu, das Menschliche zu verstehen, den Sinn des Lebens zu hinterfragen, uns und unser Umfeld näher kennenzulernen.

Manche Krisen sind allerdings so heftig, dass es uns schwerfällt, darin auch nur irgendeinen Sinn zu sehen, oder eine Lernerfahrung. Stirbt ein geliebter Mensch, werden wir unheilbar krank, erleben einen starken Vertrauensbruch oder Verrat, dann ist unser Selbst manchmal derart erschüttert, dass wir länger brauchen, um wieder Mut zu fassen. Man spricht dann nicht mehr von Krise, sondern von *Trauma* oder *traumatischer Erfahrung*. Traumata gehören immer in die Hände eines Therapeuten, selbst wenn man immer mal wieder beobachten kann, dass Traumatisierte, meist in Ermangelung therapeutisch geschulter Experten, irgendwann von allein wieder ins Leben zurückfinden. Menschen scheinen selbst Ungeheuerliches überstehen zu können, und die menschliche Selbstregulation ist tatsächlich phänomenal. Allerdings kann ein Therapeut den Weg zurück ins Leben kompetent begleiten, indem er den Raum für Gestaltungsmöglichkeiten erweitert. Zudem weiß er, wie viel Zeit normalerweise nötig ist, um ein Trauma zu bearbeiten, und wird dieses Wissen zur Verfügung stellen – es ist nämlich nicht so, dass man jeden Menschen unter allen Umständen sofort wieder auf die Beine stellen kann. Mit traumatisierten Kindern zum Beispiel, so zeigen die Erfahrungen aus der Traumatherapie, kann und sollte man zunächst gar nicht therapeutisch arbeiten. Man kann sie nur stützen und stärken und ihnen Mut machen. Bei traumatisierten

Flüchtlingen oder missbrauchten Kindern dauert allein dieser Prozess Monate, manchmal Jahre. Erst wenn sie genügend seelische Kraft gesammelt haben, kann man therapeutisch mit diesen Menschen arbeiten, in dem Sinne, dass man gemeinsam neue Handlungswege entwickelt und bei der Verwirklichung ihrer eigenen Interessen hilft. Die *Krise* ist also etwas zwischen dem milderen *Stress* und dem heftigen *Trauma*. Wobei auch in der Krise manchmal ein Therapeut sinnvoll ist. Ein guter Coach wird Sie nicht hetzen und mit Ihnen selten in ein paar Stunden hundert Lösungen entwickeln, die Sie alle probieren sollen, sondern er wird Sie das Tempo bestimmen lassen und bei Bedarf zunächst Wege mit Ihnen finden, wie man Unerträgliches aushalten und Sie stützen kann. Erst wenn Sie gestärkt sind, wird er mit Ihnen den Zeitpunkt bestimmen, zu dem welche Veränderung und wie angestrebt werden kann.* Nun hat aber nicht jeder gleich einen Therapeuten bei der Hand, oder er muss vielleicht eine Wartezeit überbrücken, bis er eine Therapie beginnen kann – die Krise fragt jedoch nicht danach, wann es einem am besten passt. Und manche wollen sich nicht einem Therapeuten anvertrauen. Für alle diese Menschen ist dieses Buch gedacht, und in diesem Sinne sollten Sie auch das Lesen angehen: Wenn Ihnen erst einmal zum Heulen zumute ist, dann nehmen Sie sich die Zeit. Hetzen Sie sich nicht. Kommen Sie erst einmal zu Kräften. Verstehen Sie die

---

* Das heißt nicht, dass manchmal eine Stunde bei einem Coach genügen kann, um die Welt plötzlich anders zu sehen. Kurzzeittherapien können durchaus sehr wirksam sein, das habe ich selbst erlebt. Aber ich überlasse es den Klienten, die Zeit zu bestimmen, die sie brauchen.

einzelnen Kapitel bitte tatsächlich als Türen, durch die Sie gehen *können*, aber in keinem Fall gehen *müssen*. *Sie* entscheiden, was Sie tun wollen, *Sie* entscheiden, *ob*, *wann*, *wo* und *wie*. Ich stoße Sie nicht durch diese Türen, ich werde Sie Ihnen nur anzeigen und ein kleines bisschen öffnen, eigentlich nur anlehnen. Vielleicht sehen Sie ja nach dem Lesen des Buches gar eine dreizehnte oder vierzehnte Tür – auch das wäre wunderbar. Es ist ja *Ihr* Haus, und ich schreibe Ihnen hier nichts vor, sondern begleite Sie beim Gang hindurch. Diese Arbeitsweise hat sich bei mir im Kontakt mit Klienten als so nützlich erwiesen, dass meine Lieblingsberufsbezeichnung nicht »Therapeut« oder »Coach« ist, sondern *Begleiter*. Ich habe meine Klienten allesamt als freiheitsliebende Wesen kennen- und schätzen gelernt, denen man nichts vorschreibt, sondern mit denen man die Welt mit Licht und Schatten erkundet, beobachtet, erfährt.

Das Buch ist nicht nur für Menschen geschrieben, die akut in einer Krise stecken, sondern auch für solche, die sich für das, was immer da im Leben noch kommen mag, stärken wollen. Einer meiner Hauptgedanken ist die *Selbstregulation* – ich bin überzeugt davon, dass Psychologie die Selbstheilungskräfte des Menschen stärken kann, egal, in welcher Situation er sich befindet. Hinter all den Türen, die ich für sie anlehnen werde, finden Sie Schränke, Kommoden, Regale, in denen Nahrung für die Seele lagert, Soulfood im wahrsten Sinne des Wortes.

Was können Sie also tun in Krisenzeiten? Was meine ich denn konkret mit den »Türen«? Was steckt dahinter? Kommen Sie doch mal mit! Beginnen wir den Gang durch Ihr Haus.

I
SPORT – DEN KÖRPER STÄRKEN

Herr Xanten*, Studienrat an einem Gymnasium, hat seit einiger Zeit das Gefühl, am falschen Platz zu sein. Im Lehrerkollegium stoßen seine Verbesserungsvorschläge auf null Resonanz, der Rektor hat ihn mehrere Male von einer Beförderung ausgeschlossen, und unlängst strengten Eltern eines Schülers ein Disziplinarverfahren gegen ihn an, weil er ihr Kind geschlagen haben soll. Dieses Verfahren zieht sich nun über einige Wochen, und etliche Schüler nutzen die Klage, um ihn zu denunzieren. Er sei Alkoholiker, habe andere Kinder ebenfalls geschlagen. Im Internet erscheinen Hass-Posts. Herr Xanten hat große Panik, kann nicht schlafen, hat stark zugenommen, hängt stundenlang im Internet herum, um die Posts zu lesen, die auf diversen Blogs erscheinen. Die Situation wird immer schlimmer. Er fühlt sich schwach, hilflos und hat sich krankschreiben lassen. Er hat einen Anwalt hinzugezogen, aber dieser rät ihm zu warten. Es läge nichts gegen ihn vor, alles würde gut werden. Er brauche nur Geduld.

Herr Xanten war ein Häufchen Elend, als er das erste Mal zu mir kam. In den ersten Stunden hat er vor allem

---

* In diesem Buch tauchen immer wieder Klienten auf. Natürlich habe ich deren Namen und deren Fälle so stark verändert, dass sie nicht wiederzuerkennen sind. Sie dienen als Beispiele, um trockene Wissenschaft lebendiger zu machen und um zu zeigen, wie man als Coach arbeiten kann.

geweint. Jetzt ist er lebendiger, stärker, aber vor allem wütend. Er hat einen hochroten Kopf, seine Hände sind zu Fäusten geballt. Ich selbst komme gerade von einer Wanderung aus der Eifel, einem Traumpfad durch Vulkanlandschaften, die mich sehr gut aufgebaut hat. Ich erzähle das kurz, weil Herr Xanten mich nach dem Wochenende fragt, und ich denke, vielleicht ist es ja gut, ihn auf diese Tür hinzuweisen. Aber er wehrt gleich ab: »Wandern? Das ist doch was für alte Leute!«

Ich belehre ihn nicht, dass Wandern gerade ein Trend ist, den auch junge Leute für sich entdecken – wenn er das so überzeugt von sich gibt, dann ist das seine subjektive Meinung, und ich bin nicht dazu da, ihm etwas aufzuschwatzen.

Ich frage ihn vielmehr, wie er früher Krisen bewältigt habe. Er weiß zunächst gar nicht, was ich damit meine. »Krisen! So was wie das hier, das habe ich noch nicht erlebt. Nie im Leben! Sonst wäre ich doch nicht hier!« Er schaut mich verärgert an, als ob er sagen wollte: »Verdammt noch mal, mach das weg! Wozu bist du denn Coach?« Bevor er das sagen kann, erinnere ich ihn daran, dass ich keine gute Fee aus dem Hut zaubern könne, aber dass wir gemeinsam etwas suchen könnten, was ihm hilft, die Krise durchzustehen. Ich sage ihm, dass Therapie Veränderung bedeute, sonst wäre er ja nicht hier. Und etwas verändern könnten wir nur, wenn Klient und Coach zusammenarbeiten. Ob er das wolle und ob er sich stark genug dafür fühle, frage ich ihn. Er nickt und erinnert sich nach längerem Nachdenken plötzlich doch an eine Krise, die er mit zehn Jahren hatte, damals, als er auf das Gymnasium wechselte. In der Grundschule habe er nur Einsen gehabt, auf dem

Gymnasium aber habe er sich allein gefühlt und dumm. »Wie in einem schwarzen Tunnel.« Er habe kaum noch Erinnerungen daran. Er habe eine Fünf nach der anderen geschrieben, habe die seinen Eltern nicht zeigen mögen, habe viel geweint. Habe »aus Frust gefressen«. Seine Mitschüler hätten ihn »gemobbt«, und seine Lehrer hätten ihn »fertiggemacht«: »Damals, wissen Sie, da war das noch die schwarze Pädagogik, da hat man Leute mit Fünfen nach vorn kommen lassen, und sie mussten den Mist, den sie geschrieben hatten, vor allen vorlesen. Da standste dann mit deinem jämmerlichen Aufsatz zum Thema ›Wie ich einmal ein Löwe war‹ vor der Klasse, und alle lachten dich aus.«

Wunderbar. Für einen Coach ist so etwas eine Steilvorlage.

»Klingt wie ein Shitstorm, nur ohne Internet.«

Da werden ihm die Augen feucht.

»Ja, das war schon so ähnlich.«

Natürlich ist es nicht meine Aufgabe, Klienten zum Heulen zu bringen, aber wenn jemand nahe an seinem Gefühl ist, dann ist das ein Zugang. Zumal Herr Xanten damals, so sagt er jedenfalls, ein ähnliches Gefühl hatte wie auch jetzt, wenn er den Dreck im Internet lesen muss und sich alles gegen ihn verschworen zu haben scheint. Meine Aufgabe ist es, ihn daran zu erinnern, *dass* er damals aus der Krise herausgekommen ist, und herauszufinden, *wie* ihm das gelungen ist.

»Und irgendwann haben Sie ein Studium angefangen und sind Lehrer geworden. Wow. Obwohl Sie mit lauter Fünfen gestartet waren. Irre. Wie sind Sie denn da hingekommen, in den elf Jahren zwischen zehn und einundzwanzig?«

Er lächelt. »Mit zwanzig. Ich habe sogar eine Klasse in der Mittelstufe übersprungen und mit zwanzig mein Studium begonnen.«

»Ist ja irre. Wie haben Sie das gemacht?«

Er schaut nach draußen, ein bisschen stolz, aber auch ein wenig überfragt. »Keine Ahnung. Irgendwann schrieb ich wieder Einsen.«

Kann ja nicht sein, denke ich, und frage weiter: »Irgendwann ist der Weihnachtsmann im Klassenraum erschienen und hat Ihnen einen Sack Einsen geschenkt? Möglich, aber nicht wahrscheinlich. Sie müssen sich doch vorgekommen sein wie ein Loser, mit den ganzen Fünfen. Wie sind Sie denn aus diesem tiefen Tal herausgekommen? Sie wären schließlich nicht der erste Pubertierende gewesen, der sich wegen Mobbing umbringt.«

Herr Xanten ist leicht überfordert, und fast bin ich geneigt, hier abzubrechen, aber dann kommt es: »Das ist nie eine Option für mich gewesen. Ich bin so einer, der selbst dann noch leben will, wenn ihm die Mafia Augen, Ohren und Zunge abschneidet. Aber damals hat mich der Fabian gerettet. Mein Sportlehrer.«

»Was ist passiert?«

»Er hat mein Talent beim Schwimmen erkannt. Wir hatten den Luxus eines Schwimmbeckens bei uns am Gymnasium. Wir hatten Schwimmen ab der Mittelstufe. Doch kaum einer hatte darauf Lust, und kaum einer konnte gut schwimmen. Ich aber war wie ein Fisch im Wasser. Ich hatte früh von meinem Vater das Schwimmen erlernt und konnte schon fast alles. Das Training fiel mir leicht, und durch das Schwimmen bekam ich in Sport statt der Drei immer eine Eins.

Damit konnte ich meinen Vater wenigstens ein bisschen beruhigen.«

»Also waren Sie nicht mutterseelenallein. Ich nehme an, der Fabian hat Sie auch gefördert und Sie haben viel trainiert? Oder mussten Sie tatsächlich nichts tun?«

»Nein, nein, der hat mich zum Oktopus geschickt, zum Schwimmverein. Da musste ich eine halbe Stunde hinfahren, und zwei Stunden haben wir trainiert, täglich. Das war schon recht aufwendig. Aber das habe ich gemacht. Gern gemacht.«

»Täglich? Sie haben täglich trainiert?«

»Ja, ja, ich war ja richtig gut. Ich habe einen Wettbewerb nach dem anderen gewonnen.«

»Und was hat das mit Ihnen gemacht?«

»Na, was schon! Als ich die ersten Medaillen gewonnen hatte, haben die mich in der Klasse natürlich anders angeschaut. Und der Fabian hat mir auch Dampf gemacht mit dem Lernen. Ich durfte manchmal nicht trainieren, wenn ich eine schlechte Note brachte. Aber das passierte kaum mehr, nachdem mein Selbstbewusstsein gewachsen war. Ich fühlte mich einfach stärker. Die Blockade war weg.«

Mir gefällt es, wenn die Leute genervt sagen: »Ja, was wohl?«, »Wie soll ich das schon geschafft haben?« oder »Das ist mir aber jetzt nicht neu«, denn tatsächlich passiert in der Beratung wenig wirklich Neues. Darum geht es ja auch gar nicht, denn das Neue ist den Menschen ja eh nicht geheuer. In der wissenschaftlichen Psychologie redet man von »Neophobie«. Menschen mögen das, was ihnen *vertraut* ist, und sie zögern im Allgemeinen, etwas Neues auszuprobieren. Eigene Forschung mit Marleen Gillebaart und Janina Marguc zeigt, dass dies vor allem dann der Fall ist, wenn Menschen stark verunsichert sind oder wenn ihnen ihre schlechte Stimmung einen Tunnelblick verschafft. Menschen in Krisen sind deshalb Neuem gegenüber nicht aufgeschlossen – trotzdem kann ihnen geholfen werden, indem man sie an das erinnert, was ihnen schon einmal geholfen hat. Wie oben erwähnt, muss man sich in Krisenzeiten verändern und hat Angst davor. Dann sollte man das wenigstens mithilfe der Mittel angehen, die einem bereits vertraut sind – Herrn Xanten anzuregen, es mit Achtsamkeitstrainings zu versuchen, wäre zum Beispiel zu befremdlich für ihn gewesen, hatte er mir doch einmal gesagt, dass er »so esoterische Dinge« nicht versuchen wollte. Bei Herrn Xanten schien Sport das Mittel der Wahl zu sein: Mit Sport hatte er schon einmal eine Krise überstanden, und Sport gefiel ihm. Da wäre ich im Übrigen nicht selbst darauf gekommen, denn ich hätte alles in Herrn Xanten erkennen können, nur keinen großen Sportler. Weit entfernt von einem »swimmer's body«, saß er vor mir wie ein – mal trauriger, mal wutschnaubender – schwerer Sack voll Leid und Schmerzen. Allerdings hatte ich bemerkt, wie sich, als er vom Schwimmen erzählte, sein Oberkörper aufrichtete – ein gutes Zeichen, denn eine solch gerade Körperhaltung öffnet den Geist für positive Informationen.*

»Sie waren also richtig gut, damals! Wie viele Medaillen haben Sie bekommen? Und wie weit sind Sie gekommen?«

---

* Auf dieses Phänomen des Embodiment, also den Einfluss des Körpers auf den Geist, komme ich später noch einmal zurück. Man kann das nämlich auch für sich selbst nutzen.

Jetzt erzählt Herr Xanten wie ein Wasserfall. Wie er erst nur im Freistil die Bundesjugendspiele gewonnen hatte, dann an seinem Schmetterlingsstil gefeilt hatte und schließlich in fast allen Stilen gewann. Wie er nach Berlin und Hamburg und einmal sogar nach Paris zu den Wettbewerben gefahren war, mit seinem Vater, der »stolz war wie Oskar«.

Ich lasse ihn reden, so lange, bis er selbst darauf kommt: »Irgendwie sollte ich das Schwimmen mal wieder versuchen.«

Nun fühle ich mich auch wunderbar. Ich habe ihm geholfen, sich selbst an etwas zu erinnern, was möglicherweise seine Situation verändern kann. Ich habe ihm nichts eingeredet, ihn nicht eingeengt, ihm seine Autonomie gelassen. Ich habe ihm lediglich eine Tür dazu geöffnet, seine derzeitige Situation zu verbessern. Jetzt kann ich ihm dabei helfen, seine Pläne gut umzusetzen, denn ich weiß aus der Motivationsforschung, wie schwierig es manchmal sein kann, seine Wünsche und Träume zu verwirklichen. Dazu müssen tunlichst genaue Pläne geschmiedet werden. Das *Wann*, *Wo* und *Wie* müssen so konkret wie möglich bedacht werden, und eventuelle Hindernisse und deren Überwindung sollten mit eingeplant werden.* Schließlich wissen wir, dass Herr Xanten Studienrat ist, kein leichter Job. Außerdem hat er gerade angefangen, sich in eine komplizierte Internetsoftware einzuarbeiten. Wann soll er da noch Sport treiben?

»Seit wann schwimmen Sie denn nicht mehr?«

---

* Wer sich in diese Thematik einarbeiten will, dem lege ich mein Buch »Unser Autopilot. Wie wir Wünsche verwirklichen und Ziele erreichen können« nahe.

»Seit fünfzehn Jahren nicht mehr regelmäßig.«

»Was hält Sie davon ab?«

»Ich kann halt nicht mehr mit den anderen mithalten.«

»Sie werden älter? Was für ein gewöhnliches Schicksal!«

Er lacht. »Stört *Sie* das denn nicht, wenn *Sie* nicht mehr so mitkommen wie früher?«, will er wissen.

»Klar, aber mich deshalb vollkommen gehen zu lassen ist doch keine Alternative. Jedenfalls nicht für mich.«

Ich merke, wie die Motivation in ihm erwacht, wie er mit seinen Augen Ideen in die Luft schneidet.

»Ich hatte mal Marathon angefangen, da bin ich nicht so ehrgeizig. Bin zwar unter drei Stunden gelaufen, doch das war eher ein Nebeneffekt. Wollte immer mal einen anständigen Trainer haben, der mit mir die Technik verbessert. Aber hatte nie die Zeit dazu.«

»Könnte jetzt die Zeit gekommen sein, sich diese Zeit zu nehmen? Was brauchen Sie noch? Laufhose, Laufschuhe?«

»Habe ich alles noch. Die Schuhe könnten besser sein.«

»Sie sind Lehrer und haben genug Geld: Kaufen Sie sich die besten Schuhe. Die guten Läden machen Lauftests mit Ihnen. Besteht die Gefahr, sich zu überfordern?«

»Ja, bei mir immer.« Er lacht.

»Sie sollten es langsam angehen lassen, meinen Sie?«

»Ja. Nicht gleich einen Marathon zu laufen, sondern langsam aufzubauen, das wäre schlau.«

»Mit fünfundvierzig, so aus dem Kaltstart, reißen

sich einige die Achillessehne und hören dann wieder auf. Vielleicht wäre ein bisschen Krafttraining zur Unterstützung gut?«

»Ja, das wollte ich immer mal, heimlich, in so eine Muckibude. Ist ja ein bisschen was für Assis, aber ein bisschen Kraft, das kann doch nicht schaden.«

»Absolut nicht. Alkohol trinken ist übrigens auch ›assi‹. Und wenn Sie sich um eines nicht mehr zu scheren brauchen, dann ist das Ihr Ruf.«

Er lacht laut auf. »Da haben Sie recht. Und die haben in dem Studio, an das ich denke, auch Laufcoaches.«

Nun können wir zusammen noch konkreter planen: Wir legen fest, *wann* er loslegen wird (heute ruft er an und macht einen Termin für morgen früh), *wo* (Herr Xanten will, dass das Studio nicht zu »assi« ist, es sollte tatsächlich Laufcoaches haben und wenn möglich ein Schwimmbecken) und *wie* (er bucht das Ganze erst einmal für einen kürzeren Zeitraum).

Sport zur Krisenbewältigung ist – sofern man Sport mag – nachgewiesenermaßen eine gute Idee. Die Vorteile sind zunächst einmal rein körperlicher Natur. Durch Ausdauersport werden Stresshormone verbrannt, Glückshormone ausgeschüttet, die Sauerstoffzufuhr wird (natürlich vor allem beim Outdoorsport) erhöht und der Stoffwechsel in Gang gebracht. Wenn man sich nicht danach ständig ein Brauhausessen und drei Biere gönnt, hat Sport auch einen positiven Einfluss auf das Gewicht und die Zuckerwerte. Aber nicht nur körperlich, sondern auch psychologisch gesehen kommt es zu Veränderungen. Nicht umsonst wird bei Depressionen und bei vielen anderen »Störungen«

Sport eingesetzt. Das liegt unter anderem an den nachgewiesen positiven Einflüssen auf physiologischer Ebene: Neben den angesprochenen günstigen Hormonausschüttungen werden Muskeln nach der Anspannung entspannt und Erschöpfungszustände erreicht, die zu besseren und intensiveren Ruhezuständen führen – wer Sport treibt, schläft besser.

Trotz dieser vielen positiven Effekte sollte man nicht allen Menschen Sport »verschreiben«. Ich erinnere mich an meine erste Begegnung mit einem Therapeuten während meines Studiums. Ich fühlte mich niedergeschlagen, hatte dauernd Probleme mit dem Magen und dem Darm und dachte, ich sollte mal auf der anderen Seite des Tisches gesessen haben, bevor ich selbst Leute therapieren würde. Ich habe diesen Therapeuten allerdings nur einmal aufgesucht und dann zwanzig Jahre lang keinen »Psycho« mehr gesehen. Er war, für mich jedenfalls, ein Negativbeispiel eines Psychiaters, der seinen Klienten von oben herab Verhaltensweisen verordnete: »Laufen Sie einfach jeden Tag eine Stunde, und dann sehen wir in zwei Monaten weiter!«

Ich fühlte mich total missverstanden (er hatte mich nicht einmal gefragt, ob das in meinen Alltag passte oder ob das überhaupt für mich infrage käme, und damals hasste ich nichts mehr als Sport!), hatte den Eindruck, dass meine Probleme bagatellisiert würden (»Haste Probleme? Dann mach mal Sport!«), und fand die abgehobene Art, die sich in einem nahe am Befehlston orientierten Rat*schlag* manifestierte, grässlich. Ich hatte überhaupt keine Lust dazu, das mit dem Sport überhaupt auch nur auszuprobieren.

Wenn ich allerdings spüre, dass eine gewisse Wahrscheinlichkeit besteht, dass Klienten mit sportlichen Betätigungen beginnen, sie wieder aufnehmen oder die Frequenz erhöhen könnten, dann ist das eine wunderbare Stütze in Krisenzeiten.

Ein mittelbarer psychologischer Einfluss kann zum Beispiel auf den Selbstwert gefunden werden und damit auf die Stimmung. Menschen, die sich durch die Kräftigung des Körpers attraktiver finden, fühlen sich insgesamt besser und sind stolz auf sich. Da man beim Sport schnell Steigerungen sieht, erfährt man »am eigenen Leibe«, wozu man (noch) in der Lage ist. Zudem wird die körperliche Kräftigung durch Mechanismen des *Embodiment* auf die geistige Kraft übertragen. Embodiment bedeutet, dass körperliche Zustände auf seelische übertragen werden können. Man fühlt sich buchstäblich stärker gewappnet gegen Kritik und Schicksalsschläge, wenn man körperlich stark wird – selbst wenn die körperliche Stärke an sich für die Bewältigung des Problems nutzlos ist (so wie im Fall von Herrn Xanten, dem sein athletisches Potenzial beim Umgang mit Schülern und Kollegen nicht direkt helfen wird). Nicht umsonst verwenden wir ja dasselbe Wort »stark«, das mit dem Körperlichen zu tun hat, für Zustände unserer Seele, gleich einer Metapher. Man kann also auch bei psychischen, sozialen oder Selbstwertproblemen, zu deren Bewältigung einem »die Stärke« fehlt oder bei denen einem schnell einmal »die Luft ausgeht« (auch eine körperliche Metapher), es einmal mit Ausdauer- oder Kraftsport probieren. Körperliche Stärke wirkt sich auf die seelische Stärke aus.

Zusätzlicher Effekt von Sport, vor allem Outdoorsport, ist die empfundene Energetisierung. So gibt es viele Studien, die zeigen, dass sich Menschen, die viel Sport treiben, insgesamt vitaler fühlen, was ihnen sicherlich auch hilft, die Probleme des Lebens anzupacken. Nicht zu vergessen ist die Tatsache, dass sportliche Aktivitäten bei Menschen, die besonders viel arbeiten, wichtige Auszeiten bedeuten. Mental abzuschalten, das erreichen viele gestresste Menschen durch das Feierabendbier, aber gesünder ist allemal ein Lauf um den Block oder ein Set mit Rückenübungen. Auszeiten sind der ideale Nährboden für Kreativität. Kreativschaffende berichten immer wieder, dass ihnen nicht vor dem Schreibtisch die besten Ideen kommen, sondern unter der Dusche, beim Spazierengehen, in der Sauna oder beim Sport. Eigene Forschung zeigt zudem, dass Kreativität vor allem in guter Stimmung gedeiht und dass ein Tunnelblick auf Details oder mögliche Risiken und Ängste kreatives Problemlösen eher behindert. Nun darf man in Krisenzeiten sicherlich nicht mit euphorischen oder genialen Luftsprüngen rechnen, vermutlich auch nicht unbedingt beim Sport, aber die physiologische Umstellung durch körperliche Betätigung ist allemal eine bessere mentale Grundlage für das Gedeihen innovativer Lösungen als eine ängstliche, pessimistische oder traurige Haltung. Und wenn wir von Kreativität sprechen, so muss es sich dabei nicht um die Quantensprünge des menschlichen Geistes handeln, die uns Genies wie Einstein, Picasso oder Bach bescherten, sondern ich spreche hier von Alltagskreativität – also von der Frage, wie wir Probleme lösen, die wir selbst oder andere uns eingebrockt haben, und wie wir aus Krisen herauskommen.

Ron Friedman, Ayelet Fishbach, Lioba Werth und ich haben gezeigt, dass Versuchsteilnehmer ganz normale Probleme kreativer lösen können, wenn sie einen weiten Blick einnehmen (also wenn sie versuchen, eine Situation in der Gänze wahrzunehmen, statt auf Details zu fokussieren). Nira Liberman und Kollegen konnten zeigen, dass Sechs- bis Neunjährigen kreative Ideen eher einfielen, wenn sie von Weitem auf Objekte schauen durften. Viele Sportarten ermöglichen einem diese weiten Blicke und die Distanzierung vom Alltag. Vielleicht fällt Herrn Xanten ja beim Laufen am Rhein irgendwann eine Idee ein, wie er mit den Kollegen wieder ins Gespräch kommen kann oder wie er den Hassblogs möglichst effizient begegnet?

Apropos Kreativität. Herr Xanten hat es mir als Coach leicht gemacht, weil ihm schon Sportarten einfielen, die ihm Spaß machten. Manchmal muss man aber auch etwas suchen. So denken viele gar nicht, dass Tanzen ein Sport sein kann. Jan-Christoph Kattenstroth testete ältere Menschen in Dortmund, die regelmäßig tanzen. Es zeigte sich, dass diese Amateurtänzer Nichttänzern nicht nur körperlich, sondern auch in vielen kognitiven Tests überlegen waren. Tanzsport verlangsamt mentale Alterungsprozesse, vor allem, weil neben Fitness noch Bewegungskoordination gefordert ist. Psychologisch gesehen sollten andere aktive bewegungsfördernde Hobbys wie Rollschuhlaufen, Holzhacken, Schnitzeljagden oder Surfen genauso förderlich wirken. So ergeben sich vielleicht Möglichkeiten, dass sogar ein Sportmuffel etwas Passendes findet.

Natürlich wird, je nach Art der Krise, nicht jede Sportart für jeden als passend empfunden. Zwar habe ich vor Kurzem mit einem sechzigjährigen Klienten das Skateboarden für ihn entdeckt (»Das wollte ich schon immer mal machen.«), aber beim Tanzen würde ich mich langsam vorarbeiten, bevor ich es in einer Krise anbieten würde. Hier muss man schauen, was noch als angemessen empfunden wird – wenn man sehr traurig ist, passt es für viele einfach nicht, sich armschwenkend zu seichter Popmusik zu bewegen. Zudem werden manche in starken Krisen keine Lust auf Gesellschaft haben. Allerdings gibt es mittlerweile so viele Sportarten, dass für die meisten etwas dabei sein sollte, wenn man nur danach sucht.

Ohne Frage ist Sport auch eine gute Art, um Krisen *vorzubeugen*. Jemand, der sich stark und kräftig fühlt, ist nicht unverwundbar, aber er geht mit einer positiveren Haltung in schwierige Situationen.

Aufpassen sollte man bei überhöhten Erfolgserwartungen. Viele wollen im Sport etwas erreichen, setzen sich zu hohe, unrealistische Ziele und damit ihre Gesundheit aufs Spiel, anstatt sie zu fördern. Herr Xanten schien selbst gemerkt zu haben, dass sein eigener Leistungsanspruch beim Schwimmen schnell in Stress ausarten könnte. Darum hatte er sich das Laufen ausgesucht – vermutlich eine gute Entscheidung.

Für Herrn Xanten löste sich das Ganze irgendwann, so wie er selbst sagte, »wie von selbst«. Das aber war eine wirkliche Lüge (so provozierte ich ihn ein wenig), denn tatsächlich hatte Herr Xanten einiges getan, um seine Krise zu bewältigen. Er hatte sich Rat bei einem Therapeuten gesucht, was nicht selbstverständlich ist, und hatte sich mit sich auseinandergesetzt. Er hat tatsächlich das Laufen aufgenommen und mit »großer

Freude« betrieben. Hat sich zusätzlich mit Krafttraining gestärkt und ist schließlich »auch hin und wieder mal ins Becken gestiegen«. Er hat dadurch abgenommen, er trank weniger (»Wissen Sie, wenn Sie drei Stunden laufen, dann können Sie am Abend davor nicht zwei Flaschen Rotwein kippen.«) und schlief besser. Letztendlich wurde, wie zu erwarten gewesen war, das Disziplinarverfahren gegen ihn eingestellt, und somit fühlte er sich sowieso besser. Allerdings kriegt man das Internet nicht so einfach zum Schweigen. Die Schüler verbrachten noch eine ganze Zeit damit, ihn zu beleidigen, und das tat ihm weh. Jedoch hatte er durch den Sport auch wieder ein paar Freunde gefunden und Kontakte geknüpft, und daher machte es ihm immer weniger aus (»Ich habe jetzt auch kaum noch Zeit, mich aufzuregen, morgen fliege ich zum New-York-Marathon, mal schauen, ob ich da durchkomme.«). Als dann schließlich Bilder im Netz auftauchten, die ihn zeigten, wie er bei einem Lauf über die Ziellinie lief, wurden die Hass-Posts langsam weniger. Herr Xanten empfand zudem sein Auftreten den Kindern gegenüber als stärker: »Die können mir nichts mehr, selbst die vierzehnjährigen Pickeljungs nicht mehr. Ich habe das Gefühl, die Frechheiten prallen an mir ab. Ist ja auch so – die sehen ja, dass sie es nicht mehr mit der schwabbeligen Heulsuse zu tun haben.«

Wichtig bleibt hier festzuhalten, dass sich Herr Xanten selbst am Schopf aus dem Sumpf gezogen hat, und zwar durch eine Form der Krisenbewältigung, die ihm schon einmal geholfen hatte. Er hat sich auf Ressourcen besonnen, die er in sich trug. Es war kein Wunder geschehen, sondern er hat sich selbst wieder in Form gebracht, hat selbst sein Schicksal in die Hand genommen und einen Ausweg ausprobiert, der ihm vorher nicht in den Sinn gekommen war. Er hat dabei keine Mühen gescheut, hat Wadenkrämpfe, Zerrungen und Motivationstiefs überwunden und sicherlich auch das ein oder andere Mal mit seinen persönlichen Ansprüchen gerungen. Es war auch nicht von heute auf morgen passiert, wir sprechen hier von einem Jahr, in dem er vom Trauerkloß wieder zu Herrn Xanten wurde. Gut war, dass wir etwas gefunden hatten, was ihm gefiel und sogar Spaß machte.

Sport wird, wie gesagt, sicher nicht für jeden eine einladende Tür sein – aus diesem Grund biete ich ja zwölf Krisenhelfer in diesem Buch an –, doch wegen der vielen positiven Effekte auf Körper und Seele lohnt es sich nachzuforschen, ob nicht doch irgendeine Sportart infrage käme …

2
NATUR – ENERGIE UND WOHLBEFINDEN ATMEN

»Was siehst du toll aus! Was hast du gemacht? Warst du beim Friseur? Oder wo bist du gewesen?«

Ich antwortete: »Zu Hause!«

Içiar sind Komplimente nicht abzugewöhnen, und montags morgens um acht Uhr, wenn ich bereits zwei Stunden Pendlerstrom überstanden habe, plus einer Stunde Verspätung wegen (laut Bahn) Personen im Gleis, wirken sie wie Balsam.

Nun möchte ich Ihnen meine Sekretärin um keinen Preis der Welt verkaufen, wohl aber fiel mir auf, welch einen Unterschied es macht, ob ich am Wochenende wandern war oder nicht. Das Lob fiel immer größer aus, nachdem ich wandern war.

Ich bin ein Mensch, dem man leicht in die Seele sehen kann, in Sekundenschnelle wissen Bekannte, ob es mir gut oder schlecht geht. Nach dem Wandern geht es mir immer gut. Selbst wenn ich dabei vom Regen überrascht wurde oder wenn der Wanderführer uns mal wieder im Kreis hat gehen lassen. Trotzdem strahle ich, und das sieht wahrscheinlich einfach besser aus.

Meine Antwort »zu Hause« ist übrigens ein Insiderwitz, denn damit meine ich in diesem Fall nicht meine Wohnung oder Ostwestfalen, wo ich herkomme, sondern die Natur.

Wir kommen aus dem Wald, im Wald waren wir dereinst zu Hause – so erklären Forscher den positiven Einfluss der Natur auf uns. Hat sie nicht? Dann erklären Sie mir bitte einmal, warum eine ganze Industrie davon lebt, Zimmerpflanzen zu produzieren, warum Wohnungen mit Blick ins Grüne begehrter sind als solche mit Blick zur nächsten Häuserwand, warum Naturmotive seit Jahrhunderten die Kunst beeinflussen und warum wir Wildkatzen und Wölfe domestiziert haben, die uns nun die Sofas zuhaaren dürfen. Wir haben uns Wohnungen gebaut, um die Natur draußen zu halten – und holen sie auf Umwegen wieder herein. Wir können kaum anders. Wir sind da zu Hause, im Grünen.

Also raus, an die frische Luft, wenn es Ihnen schlecht geht! Raus in die Natur!

Tatsächlich haben mein Mann und ich nicht in Krisenzeiten zum Wandern gefunden, sondern weil es uns am Strand langweilig wurde. Irgendwann kamen wir auf die Idee, am Ätna entlangzuwandern, dann auf Lanzarote, Mallorca – bald kamen die Alpen dazu, Südtirol, schließlich sogar die Regenwälder. Dann, als es »dicke« kam, mein Vater sich von einem Krankenhausaufenthalt zum nächsten schleppte, bis er in meinen Armen starb, meine damaligen Vorgesetzten wenig Verständnis für eine Auszeit hatten (»We *all* have problems, Jens!«) und ich schließlich im Burn-out landete, da profitierten wir besonders von der vitalisierenden Kraft des Wanderns. Nun hat schon mancher meinen Tipp missverstanden – ein Kollege hat sich beispielsweise meinen Wanderführer geliehen, sich zwei Einenhalb-Liter-Flaschen Wasser aufgeladen (man dehydriert ja so leicht), seine Frau hatte tagelang Salate zubereitet (man verbrennt da ja einiges), und dann waren sie um vier Uhr morgens aufgestanden, um um acht Uhr eine 25 km lange Tour zum Bremmer Calmont an der Mosel zu meistern. Der Kollege war vorher nie gewandert! Er und seine Frau sind bekennende Schreibtischtäter (Sport ist Mord!) – und danach hing erst einmal der Haussegen schief, weil sie nicht aufhören konnte zu klagen, dass er auf seinen angeblich »viel fitteren« Kollegen gehört hatte. Beide waren die ganze Woche danach »fix und fertig«. Wandern? Nie wieder! Der Horror!

Das kann man leichter nachvollziehen, wenn man bedenkt, dass die Tour starke Steigungen hat und damit locker acht Stunden (ohne Pausen) dauert.

Ich selbst bevorzuge weniger anstrengende Touren und angenehme Begleitung. Oder wandere eben allein.* Alles, was einen zusätzlich stresst, wie lange Anfahrten, umständliche Pensionsbuchungen, schwierige Gruppen etc., sollte vor allem in Krisenzeiten vermieden werden. Für uns, wohnhaft in Köln, hieß das die erreichbare Eifel, der Rheinsteig, der Moselsteig, aber auch das unterschätzte Bergische Land, das sich in den letzten Jahren deutlich anstrengt, ein Wanderparadies zu werden. Mittlerweile gibt es in unserer Gegend so viele Touren, dass man, will man wirklich alles erwandern, damit einige Wochenenden zu tun hätte. Ich würde für den Anfang, wenn man gänzlich ungeübt ist, kleine Touren empfehlen. Zwei Stunden reichen aus

---

* Ja, die Wanderführer empfehlen das nicht. Aber die Gefahr, dass man tatsächlich tagelang mit gebrochenen Beinen in einer Felsspalte hängt, ist bei den ausgewiesenen Touren, die ich mache, verschwindend gering. Da fällt einem eher ein loser Blumentopf beim Shoppen in der Düsseldorfer City auf den Kopf.

(ich mag als geübter Wanderer Vierstundentouren), und man sollte Pausen nicht vergessen. Das Handy kann man dabei ausschalten (in der Eifel hat man eh nie Empfang), und man sollte sich dem Rhythmus des Gehens hingeben.

Meine Haustherapeutin, die ebenfalls wandert, schwört noch auf etwas anderes: »Mund halten. Oder quatscht ihr etwa die ganze Zeit beim Wandern?« Ich musste schmunzeln und ihr sofort recht geben. Wir unterhalten uns zwar durchaus, sprechen Dinge an, die sonst liegen bleiben. Alltagszeug wie »Sollen wir den Schrank nicht mal rausschmeißen« oder »Was macht eigentlich deine Cousine?«. Sprechen auch schon mal über Leichen im Keller. Aber wir genehmigen uns viele lange Schweigephasen, in denen wir unseren Gedanken nachhängen. Gehen, Pflanzen beobachten, gehen, die Sonne genießen, gehen, etwas trinken, gehen, sich unterhalten … Man hat das Gefühl, man hätte alle Zeit der Welt. Nichts muss, alles kann. Herrlich. Auch für die Beziehung, denn wer hat heute noch den Luxus, miteinander so viel Zeit zu verbringen?

Nun habe ich, wie Sie sehen, meine ganz eigenen Vorstellungen vom Wandern, weil ich diesem Krisenhelfer so viel verdanke, aber wie bei allen Kapiteln geht es hier nur um Erfahrungen, Tipps, die Sie nicht einfach befolgen sollen. Sie sollen gar nichts befolgen, sondern einfach mal schauen, ob Wandern etwas für Sie wäre, schließlich wird es von nicht wenigen Menschen genutzt und hat viele Vorteile, von denen ich später noch sprechen werde. Und wenn Sie sich dazu entscheiden, es einmal zu versuchen: Machen Sie *Ihr* Ding daraus. Nehmen Sie mit, was Sie mögen (häufig braucht man, vor allem an den Premiumwanderwegen, nicht viel Proviant, und die kleinen Gaststätten wollen auch leben …), ziehen Sie an, was Sie wollen (ja, gute Wanderschuhe sind prima, aber die wenigsten Turnschuhträger stürzen in den Rhein), und wandern Sie, wo es für Sie interessant ist. Es gibt Skulpturenparks, Wattwanderungen, Industriewanderungen – man muss nur loslaufen. Die Hauptsache beim Wandern ist: raus!

Neben der körperlichen Ertüchtigung tankt die Seele beim Wandern durch Ausblicke und Erlebnisse. Klar sind in der Eifel keine Tiger und Riesenspinnen zu erwarten, aber wenn man achtsam wandert, erkennt man plötzlich Orchideen am Wegesrand. Man bemerkt die Blindschleiche, über die man fast gelatscht wäre. Man sieht Vögel und nimmt sich vor, zu Hause nachzuschlagen, was für welche das waren. Bäche treten über die Ufer, und man bekommt nasse Füße – oder freut sich, dass das Schuhwerk so warm hält und dicht ist. Abends beim Winzer einkehren, Wein trinken, todmüde ins Bett gehen, endlich durchschlafen können – ein Paradies.

Die Natur hat viele gesundheitsförderliche Effekte. Da ist die »frische Luft«. Ehrlich gesagt, hatte ich insgeheim gedacht, dass das ein typischer Muttispruch ist: »Geh mal an die frische Luft.« Tatsächlich zeigt sich aber, dass Muttis gar nicht blöd sind. Natürlich werden draußen Organe, Muskeln und Hirn besser mit Sauerstoff versorgt als drinnen – vor allem im Wald und auf der Heide. Das hatte ich bereits im vorigen Kapitel angesprochen. Zudem ist Sonnenlicht stimmungsfördernd, das wissen wir aus der Psychologie. Unter anderem liegt das am Vitamin D, das durch Sonnenlicht gebildet wird. In den skandinavischen Ländern, wo es im Winter auch tagsüber stockdunkel bleibt, boomen Sonnenbanken und Lichtstudios, in denen winterdepressiven Menschen künstliches, den UV-B-Strahlen nachempfundenes Licht zugeführt wird, das einen ähnlichen Effekt hat. Aber auch ohne Hormone stimmt uns Sonnenlicht freundlich, denn wir verbinden es – jedenfalls in unseren Breitengraden – spontan mit schönen Urlaubserinnerungen und Entspannung. Spannend ist die noch wenig erforschte Wirkung des Bakteriums Mycobacterium vaccae, das man in der freien Natur einatmet. Angeblich regt dieser Keim das Wachstum bestimmter Nervenzellen im Gehirn an, die den Serotoninspiegel im Körper erhöhen – Serotonin wird landläufig als »Glückshormon« bezeichnet, weil es uns glücklich stimmt und weniger ängstlich macht. Das wiederum fördert Lernprozesse im Gehirn.

Das Medizinische ist es jedoch nicht allein. Wenn man sich klein fühlt, auf einem Gipfel zu stehen und über die Landschaft zu schauen wie ein Adler – das ist ein Effekt, den Sie einmal ausprobieren sollten. Der enge, krisengeschüttelte Geist kommt in der Höhe auf andere Gedanken. Höhe ist Freiheit. Und Weite. Steigen Sie auf eine Aussichtsplattform, klettern Sie auf Felsen, auf Türme – egal, schauen Sie runter. Wie sieht Ihr Problem von hier oben aus? Das spräche gegen Ostwestfalen als Wandergebiet, aber wenn Sie nun einmal dort wohnen, dann suchen Sie die Weite der Landschaft. Schauen Sie über das unendlich scheinende platte Land auf den Horizont. Wie sieht Ihr Problem aus, wenn Sie auf diese endlose Weite schauen? Oder Sie stehen am Meer. Milliarden Tonnen von Wasser vor

Ihnen, das Sie locker wegspülen könnte. Tut es aber nicht. Stellen Sie sich wie ein Fels in die Brandung, lassen Sie die Schuhe voll Wasser laufen, erspüren Sie es. Und dann gehen Sie heim, nehmen ein Fußbad und werden sich bewusst darüber, wie stark Sie doch sind. Welche Berge Sie schon erklommen, welche Täler durchwandert, welchen Strömen standgehalten haben. Was Sie doch alles können, und was Sie alles ertragen können und tatsächlich bereits ertragen haben. Schreiben Sie auf, *was* Sie schon alles durchgemacht haben, und erinnern sich daran, *wie* Sie das gemeistert haben. Können Sie vielleicht davon etwas in Ihrer jetzigen Situation benutzen?

Bleiben wir noch etwas bei den Landschaften. Gerade weil wir »von den Bäumen« kommen, sind uns, so die Forschung, savannenähnliche Landschaften am liebsten, auf die wir von oben schauen. Wir sind ja als Menschen beides, Jäger und Gejagte, und solche Landschaften bieten einerseits die Weite des Blicks – wir sehen dann auch, wer sich auf uns zubewegt, und gewinnen Kontrolle – und andererseits Versteckmöglichkeiten, denn in der Savanne stehen in der freien Fläche immer wieder schützende Haine.

Auch Bäche haben etwas. Wenn Sie den Lieserpfad in der Eifel entlangwandern, den Eifgenbachweg im Bergischen Land oder im Kylltal spazieren gehen, dann murmelt es überall unter Ihren Füßen, und über Ihnen schützt Sie ein Blätterdach vor Regen und allen möglichen Unbilden. Was mich auf einen anderen Gedanken bringt: Ein Zuhause ist die Natur sicherlich auch deshalb für viele, weil sie mit Kindheitserinnerungen verbunden ist. Ich erinnere mich daran, wie mir mein Vater auf Spaziergängen selbst erfundene Geschichten erzählte, wie wir Staudämme bauten, auf einem dicken Wurzelstumpf aus Moos und kleinen Setzlingen eine Weihnachtskrippe bauten oder Ostereier im Wiehengebirge suchten. Solche positiven Erinnerungen können ebenfalls stimmungsaufhellend sein.

Ein weiterer Faktor ist natürlich die Bewegung, wie wir schon im vorigen Kapitel gesehen haben. Sport ist im Freien deutlich energetisierender als drinnen, wie die Forschung zeigt. Probanden fühlten sich nach dem Sport draußen deutlich besser, als wenn sie denselben Sport drinnen gemacht hatten. Außerdem wird im Freien das Hirn noch mehr durchgepustet als drinnen. Ich meine jetzt nicht den Sauerstoff, sondern die neuen Themen, die aufkommen, wenn man nicht – wie im Fitnessstudio – umringt ist vom typischen Alltagsgeschehen: von nervigen Zeitgenossen, die sich profilieren, von der Glotze, die vor einem flimmert und stündlich eine Katastrophe nach der anderen präsentiert ...

Draußen kommen andere Themen auf. Man wundert sich darüber, wie lange so ein Baum lebt, wie er zersetzt wird, warum in bestimmten Regionen kein Vogel zu hören ist, man schaut, ob es Molche im Bach gibt, so wie damals, als man Kind war.

Man setzt die Dinge in einen größeren Rahmen. Dieses Gebirge soll einmal unter Wasser gelegen haben, wie die Wandertafeln zeigen? Diesen Ackerschachtelhalm haben die Dinosaurier schon so gesehen, wie ich ihn gerade sehe? Hier, in der Eifel, haben Naturkatastrophen stattgefunden, ist es zu dramatischen Erdfaltungen gekommen und sind tonnenschwere Lavabomben eingeschlagen? Die Natur macht einem bewusst, wie endlich das alles hier ist, dass man sich manchmal zu wichtig nimmt im Angesicht der Geschehnisse, die die Welt gefährden können, und wie das alles hier gedacht war. Zum Beispiel das Sterben. Es gibt nichts Normaleres auf der Welt, und ja, es ist gut, dass sich alles erneuert, reinigt, eventuell sogar verbessert. Es tut weh, wenn jemand stirbt, und es kommt immer zur Unzeit, aber die Natur hat keine andere Antwort, und sie zeigt, wie richtig das ist: Ein abgestorbener Baum etwa bietet Pilzen einen Nährboden und Insekten Nahrung und Unterschlupf. Das ist nicht gruselig. Das ist halt so.

Weil alles stirbt, heißt das auch für unsere Probleme, dass sie vergehen werden. Die schlimme Zeit wird zersetzt werden durch etwas Neues. Genauso, wie die Jahreszeiten alles verändern, wird die Zeit alles verändern und es in einen neuen Rahmen setzen.

Die Natur ist übrigens eine hervorragende Umgebung, um nicht nur Grünes, sondern auch Kreativität gedeihen zu lassen. Ich habe es oben bereits angesprochen: Kreative Gedanken kommen einem nicht auf Befehl und selten vor dem Computer, sondern in Kontexten, in denen wir es nicht erwarten. Spaziergänge und Wanderungen gehören dazu. Das geht selbst Leuten aus den Kreativitätsbranchen so. Als Kabarettkünstler wie als Wissenschaftler verdiene ich mein Geld mit kreativen Ideen und tue alles, um diese Fähigkeit zu fördern. Wenn man sich beobachtet, wird einem schnell klar: Man ist nicht immer gleich kreativ. Und gerade in Krisenzeiten ist man alles andere als das. Daher ist es hilfreich, kurz aus dem belastenden Kontext herauszutreten. Auf Distanz zu gehen. Alltagskreativität gedeiht durch Distanzierung, und sei es nur, dass man einmal kurz aus seinem gewohnten Wohnviertel herausfährt und in einem anderen Stadtteil spazieren geht. Oder dass man kurz ins Grüne fährt, wodurch zusätzlich eine positivere Grundstimmung entstehen kann, die wiederum Kreativität befördert. Kein Wunder also, dass in der Natur, wo wir uns wohlfühlen, kreative Gedanken eher sprießen. Forschung zeigt sogar, dass allein die Farbe Grün ausreicht, um im Gehirn all jene Prozesse zu aktivieren, mit denen wir kreativ denken können.* Lasen Probanden die Anweisungen für eine übliche Kreativitätsaufgabe auf grünem Papier, waren sie kreativer als solche, die die Anweisungen auf grauem Papier bekamen. Vielleicht stellen wir uns ja deshalb Grünpflanzen in die oft so trostlosen Büros? Vielleicht erinnern sie uns an die Natur, die einmal unser Zuhause war, und erleichtern uns so das Denken? Alltagskreativität, die wir zum Lösen gewöhnlicher Probleme benötigen, folgt ähnlichen Hirnprozessen, wie sie ein außerordentliches Genie gebraucht, um Außergewöhnliches zu erfinden. Aus dem Alltagstrott in eine schöne, nicht beängstigende Umgebung zu treten, das ist eine gute Idee, wenn man irgendwo feststeckt.

---

* Was da wirklich im Hirn passiert, wenn wir plötzlich die Espressomaschine erfinden oder erkennen, dass die Welt keine Scheibe ist, ist immer noch eines der ungeklärten Rätsel der Psychologie. Das Einzige, was wir wissen ist, dass Menschen häufig tage-, manchmal ein Leben lang über einem Problem grübeln und es nicht lösen. Und dann, plötzlich, bei einem Spaziergang oder beim Spielen mit den Kindern springt einen die Lösung an. Man nennt diesen Moment *Aha-* oder *Eureka-Experience (Aha- oder Heureka-Erfahrung)*.

Nun machen wir nicht halt beim Blumenkaufen, sondern laden uns häufig sogar Tiere zu uns nach Hause ein – welchen Effekt haben sie? Jahrelang fand man in Studien zahlreiche positive Effekte von Haustieren auf die seelische wie körperliche Gesundheit, und man glaubte an einen starken *Pet-Effect* (also *Haustier-Effekt*), der von Verfechtern so überzeugend vorgetragen wurde, dass manche schon überlegten, ob es nicht sinnvoller sei, teure Ärzte und Therapeuten durch Tiere zu ersetzen. Einige Studien berichteten sogar davon, dass einmaliges Streicheln von Hunden, das Schauen in ein Aquarium oder selbst das Kosen einer Boa constrictor Stresslevel und Blutdruck reduziert. Nach einer ersten Euphorie zeigte sich aber, dass diese Effekte nicht immer wiederholbar waren. In vielen Studien wurde überhaupt kein Effekt von Tieren auf die Gesundheit, die Stimmung oder physiologische Marker gefunden und manchmal sogar ein schlechter. Manche vermuten, dass sich am ehesten gesunde Menschen zum Beispiel die Pflege eines Hundes zutrauen und sich damit redlich wohlfühlen, aber dass es nicht so ist, dass die Tiere einen tatsächlich glücklich machen. Einige Menschen sind von Tieren auch überfordert. Gut, da ist noch Forschung nötig, sicher ist jedoch, dass einem Tiere eine gewisse Struktur aufzwingen, wovon der eine oder andere sicherlich profitiert. Einen Freund, der unserer Meinung nach zu viel trank und dadurch die F3 in Schieflage brachte (das ist Psychologendeutsch und bedeutet, dass durch das Trinken Familie, Firma und Führerschein bedroht sind), bestärkten wir in dem Wunsch, sich einen Hund zuzulegen – und das Tier führte zu dem erwünschten Effekt: Der Kleine stand nämlich morgens schwanzwedelnd vor dem Bett des Freundes und hatte überhaupt kein Verständnis für Kater. Keine Frage, so ein Tier kann Spaß machen und hält einen in Bewegung, was nicht schlecht sein kann. Allerdings ist es ein recht komplexes Lebewesen und nicht automatisch ein Fun-Faktor, sondern hat mitunter seinen eigenen Kopf. Vielleicht ist es so: Sich in Krisensituationen ein Tier zuzulegen kann gut und kann schlecht ausgehen. Und wenn man es schon vorher hatte, kann es nicht schaden, wieder mehr Zeit mit ihm zu verbringen. Indem man mit ihm die Natur erkundet, zum Beispiel. Oder sich mal bewusst macht, bei allen Schwierigkeiten, die das bietet, wie schön es ist, ein Mensch zu sein, der die Leine hält und nicht an ihr hängt. Und indem man an ihm beobachtet, wie wenig es bedarf, froh zu sein. So ein Tier erinnert viele an ihr *inneres Kind*, den Teil in einem, der sich an einfachen Dingen erfreuen kann und keine schweren Gedanken wälzt. Vielleicht finden Sie auf diese Weise einen Zugang zu Ihrem inneren Kind, das Sie daran erinnert, was Sie wirklich brauchen. Vielleicht weckt es eine Sehnsucht, nach einem Spaziergang am Strand etwa, den Sie jetzt nötig haben. Oder auf etwas anderes, was Sie als Kind glücklich machte. Auf eine Tüte Gummibärchen oder das Durchschauen von Fotos.

Man muss Tiere nicht gleich besitzen, um sich des schönen, einfachen Lebens zu besinnen, es hilft manchmal schon, einen Welpen nur auf den Arm zu nehmen. Es gibt nicht nur einen Moment, wo ich mir in der Beratungspraxis einen Welpen gewünscht hätte, den ich einer Klientin oder einem Klienten gern in den Arm gelegt hätte. Um sie zu trösten und ihnen einen anderen Blick auf die Dinge zu ermöglichen. Gott sei Dank gibt es das Internet. Dort finden Sie Hunderte von Welpen- und Katzenvideos, und – ich meine das übrigens ernst – es lohnt sich, Ihrem inneren Kind, das sie süß und goldig findet, eine Chance zu geben. Denn der Teil der Persönlichkeit, dem es jetzt schlecht geht, dem Erwachsenen in Ihnen, der kommt ja offensichtlich momentan nicht weiter. In vielen Theorien der Psychologie spricht man von *Teilen* oder *Selbstanteilen*, aus denen wir bestehen.* Da ist zum Beispiel der Teil des gestressten Erwachsenen, der zu dem Schluss kommt: »Ich bin am Ende, es gibt keinen Ausweg.« Ein Beispiel: Eine Studentin war unglücklich mit ihrem Studium der Betriebswissenschaften. Sie war so unglücklich, dass sie angefangen hatte, sich zu ritzen, »um Druck abzulassen«. Das Studium, das sie eigentlich gern aufgenommen hätte, nämlich Kunstpsychologie, konnte sie sich nicht leisten. Sagte sie.

»Das gibt es nur auf dieser Privat-Uni.«

Ich verstand. Ich war ja auch nicht im Buckingham Palace geboren worden. Ihr schien, es gäbe nur zwei Möglichkeiten: das BWL-Studium abzubrechen, ohne Alternative, oder den eingeschlagenen Weg weiterzugehen und ihre Gesundheit zu ruinieren. Natürlich redeten wir über viele Dinge, erwogen viele Möglichkeiten (Aushilfsjob, Studentendarlehen, Crowdfunding im Internet etc.), aber wir kamen nicht weiter. Aus ihrer Perspektive war das alles nichts. Alles Quatsch, alles Spinnereien.

---

* Prominentes Beispiel ist die Transaktionsanalyse von Eric Berne, aber auch Friedemann Schulz von Thun, der vom »Inneren Team« spricht.

Einmal, als sie herzzerreißend weinte, überlegte ich mir, wie ich ihr *inneres Kind* wecken könnte, und wir sahen uns Hundevideos an. Glücklicherweise mochte sie Hunde. Beim ersten Video weinte sie noch, weil der Hund sie an ihren ersten Hund in Kindertagen erinnerte. Beim zweiten aber sprang das Weinen in ein helles Lachen über, und schließlich strahlte sie nur noch.

»Sie sehen aus, als wären Sie gerade gedanklich in Ihrer Kindheit?«

Sie nickte.

»Ist das ein schönes Gefühl?«

»Ja. Gerade ja. Sehr.«

»Was würden Sie jetzt tun?«

»Wie?«

»Zu wem würden Sie gehen? Wer würde Ihnen helfen, Ihren liebsten Wunsch zu erfüllen?«

»Ich würde zu meiner Tante gehen«, schoss es aus ihr heraus. »Komisch, dass die mir jetzt einfällt.«

»Warum?«

»Die hat mit meinem Studium ja nichts zu tun. Ist ja nur 'ne Tante.«

»Machen Sie mal, gehen Sie mal in Gedanken zu Ihrer Tante. Sie sind ein Kind und gehen zu Ihrer Tante. Was sagen Sie?«

Sie kicherte. Ich kicherte mit.

»Was ist denn so komisch? Was wollen Sie der denn so Lustiges sagen? Sagen Sie's doch mal. Ich bin jetzt die Tante. Sagen Sie es mir!«

Sie schluckte kurz, dann: »Klara, bezahlste mir das Studium?«, und schrie dann laut auf vor Lachen. Das war so ansteckend, dass ich mir selbst den Bauch halten musste.

Als wir uns beruhigt hatten, fragte ich sie: »Hätte die das Geld?«

Sie nickte.

»Und warum gehen Sie dann nicht zu Ihrer Tante?«

»Das ist ja nur meine Tante. Was hat die mit meinem Studium zu tun. Zu der geht man doch nicht einfach und fragt um Geld.«

»Als Erwachsener vielleicht seltener …«

»Wenn ich zu Hause ein Spielzeug nicht bekam, bin ich immer zu meiner Tante gelaufen, und dann habe ich es gekriegt.«

»Eine tolle Tante, oder?«

»Ja. Sie hat mich immer ernst genommen. Meine Eltern haben manchmal nicht eingesehen, warum ich so einen Goldschmiedekoffer wollte.«

»Nicht jeder hat so eine Tante. Sie hat Sie gefördert.«

»Ja, wirklich.«

»Gehen Sie doch mal zu ihr, oder laden Sie sie zum Kaffee ein.«

»Und frag sie dann, ob sie mir das Studium finanziert?«

»Was könnte denn im schlimmsten Fall passieren? Wird sie Sie für unverschämt halten? Nicht mehr mit Ihnen sprechen? Haben Sie dann Ihr Leben lang verschissen bei ihr?«

»Das nicht. Die Klara ist eine ganz Liebe. Aber ich bin doch kein Kind mehr!«

»Nein, das sind Sie nicht. War ja nur so ein Gedanke. Obwohl … wie schlau wir doch als Kinder waren. Damals haben wir gekriegt, was wir wollten.«

Als sie ein paar Wochen später wieder bei mir auftauchte, strahlte sie. Sie hatte tatsächlich mit der Tante gesprochen, und die – o Wunder – fand gar nichts dabei, das Studium zu finanzieren. Die beiden einigten sich auf ein Darlehen, das die Nichte hinterher zurückzahlen sollte.

Nun möchte ich hier nicht die Leser dazu animieren, ihre Tanten anzuzapfen. Ich wollte lediglich aufzeigen, wie eng wir manchmal denken, wenn wir in einer Krise sind. »Das macht man doch nicht«, »Das geht doch nicht, und das auch nicht«, »Das habe ich noch nie gemacht«, »Dafür bin ich nicht der Typ« – das sind zugemauerte Türen. Mehr noch, das sind Türen, die wir nicht einmal sehen, weil ein Teil von uns sie nicht sehen *will*. Ich habe ihn oben den *Erwachsenen* genannt. Für einen Erwachsenen gibt es viele Dinge, die man nicht tun sollte oder nicht tun darf. Das ist gut so, denn diese Regeln funktionieren normalerweise. Aber manchmal kann der Fokus auf nur diesen einzigen Teil des Erwachsenen die Sicht verstellen. Und dann geht nichts mehr, absolut gar nichts. Vielleicht versuchen Sie einmal – einfach nur in Gedanken –, solch eine Mauer einzureißen. So wie meine Klientin, die sich nur einmal für einen Moment auf den »verrückten« Gedanken eingelassen hat, ihre Tante um Geld zu bitten. Klar, Ihr Problem ist ganz anders, und die Wahrscheinlichkeit, dass auch nur fünf meiner Leser eine großzügige Klara in ihrem Umfeld haben, ist minimal. Aber es geht ja nicht um Allgemeinrezepte, sondern immer um die Person in ihrer Einzigartigkeit. Halten wir einmal fest: Ich habe der Klientin nichts vorgeschlagen, sondern habe sie fantasieren lassen, und sie hat in ihrem *eigenen* Repertoire nach Lösungsmöglichkeiten gesucht und etwas gefunden. Sie haben sicherlich einen ganz anderen Ressourcenspeicher, den Sie gerade verschlossen haben, weil Sie nur einen Teil Ihres Selbst agieren lassen.

Okay, machen wir uns nichts vor: Manchmal wird die Tür auch verschlossen bleiben, oder es findet sich dahinter nicht gleich *die* Lösung. Keiner von uns konnte vorhersehen, ob die Tante die Kohle wirklich lockermachen würde. Aber die Klientin hatte vorher auch noch gar nicht versucht, diese Tür zu öffnen. Wie ich oben schon sagte: Meistens erfordert die Krise eine Veränderung des Verhaltens, neue Wege, und neue Wege sind immer etwas riskanter, und vielfach haben wir deshalb Angst, sie zu gehen. Nun wurde diese Angst vor dem Neuen dadurch abgemildert, dass die Klientin etwas tat, was sie schon früher einmal in ähnlicher Form getan hatte. Es erschien ihr also nicht allzu fremd – im Unterschied etwa zu Crowdfunding im Netz, das nicht »Ihres« war, denn sie wollte mit ihrer Bedürftigkeit nicht gern öffentlich werden.

Es hätte auch passieren können, dass die freche Frage nach Geld das Verhältnis zu der Tante in Mitleidenschaft gezogen hätte. Daher ist es gut, Kosten und Nutzen von unerprobten kreativen Lösungsversuchen abzuwägen. Das war der Grund, warum ich die Klientin genauer nach Klara befragt habe, und da sie sagte, dass keine lebenslange Schmähung vonseiten der gütigen Tante zu erwarten wäre, konnte sie es also ruhig versuchen, vor allem, wenn man die schwerwiegenden Konsequenzen in Betracht zog, die zu befürchten waren: Es stand ein Lebenstraum auf dem Spiel, und da konnte man durchaus einmal etwas riskieren. Leider tun wir gerade das in Krisen nicht! Da haben wir naturgemäß ein Brett vor dem Kopf, sind vorsichtig und wollen keine Risiken eingehen. Das ist völlig normal.

In diesem Fall hatten Hundewelpen geholfen, andere Teile der Klientin zu wecken. Das innere Kind kam auf eine Idee, die in der Erwachsenenwelt zunächst einmal abwegig erscheint. So ist das aber mit kreativen Prozessen – sie brauchen häufig einen Perspektivenwechsel, um aktiviert zu werden, und die Natur oder Tiere laden dazu ein. Zudem ist es wichtig, wenigstens für kurze Momente einmal in eine gute Stimmung zu kommen. Eine gute Stimmung fördert kreative Prozesse, und nur dann traut man sich auch einmal etwas. Wenn man schlecht drauf ist, geht man normalerweise noch weniger ein Risiko ein.

Um das Kapitel abzuschließen: Legen Sie sich im Freien auf den Rücken, ihre Handflächen nach oben gerichtet, und schauen Sie in den Himmel. Die Farbe Blau wird genauso wie das natürliche Grün von den meisten Menschen als positiv empfunden, hebt die Stimmung und sogar die Kreativität. Öffnen Sie sich für die Kraft, die von der gewaltigen Farbe und der Endlosigkeit des Himmels ausgeht. Sie haben es geschafft, bis jetzt in diesem gewaltigen Universum Ihren Weg zu gehen. Sie werden es auch weiterhin schaffen!

3
FREUNDE, GLEICHGESINNTE – SICH (MIT)TEILEN

Wir sind nicht allein auf der Welt. Irgendwo wird es jemanden geben, dem wir unsere Geschichte anvertrauen, dem wir unser Herz ausschütten können. Die Sache ist nur, dass wir befürchten, demjenigen zur Last zu fallen. Und manchmal fällt es – vor allem uns Männern – gar nicht so leicht »auszupacken«.

Ich erinnere mich an einen Kollegen, den ich zwei Jahre nach der Scheidung von seiner Frau kennenlernte und der mir erst zehn Jahre später davon erzählte. Wobei ihn die Scheidung die gesamten zwölf Jahre arg belastet hat. Man macht sich manchmal keinen Begriff, wie verschlossen wir Männer sind.

Aber nehmen wir uns mal für einen Moment in Schutz. Tatsächlich ist es nicht gerade beziehungsfördernd, wenn man zum Beispiel einen Skandal an der Backe hat und tagtäglich beim Abendbrot das Thema auf den Tisch kommt. Mir fällt hierzu ein Klient ein, der vor fünf Jahren von einem Arbeitgeber entlassen worden war und dem das immer noch so naheging, dass er jeden Abend darüber jammerte. Er kam zu mir, weil die Partnerin ihn nun verlassen hatte – sie hatte es einfach nicht mehr ausgehalten. Wenn man in der Krise ist, besteht die Gefahr, nur noch sich selbst zu sehen. Der andere aber hat auch ein Leben. Auf der anderen

Seite sollte man natürlich nicht alles in sich hineinfressen. Es kommt auf die Mischung an.

Geht jemand durch eine Krise, ist es nicht klug, den Partner oder die Partnerin in den Sog von schlechter Stimmung, Angst und geringem Selbstwertgefühl hineinzuziehen. Was hat man davon, dass es dem anderen auch schlecht geht? Geteiltes Leid ist halbes Leid? Ja, über sich selbst zu reden erleichtert tatsächlich, doch wenn man alles immerwährend auf eine einzige andere Person abwälzt, den Partner, die Mutter, den besten Freund – dann leidet der oder die oft genauso mit, und dann wird es schnell (ver)doppeltes Leid. Damit geht auch eine wichtige Ressource verloren, die man in der Stärke des anderen finden könnte.

Besser ist es, das Leid zu verteilen. Schon aus diesem Grund empfehle ich im nächsten Kapitel, sich einen professionellen Coach zu leisten, der nur dafür da ist zuzuhören und der durch seine professionelle Distanzierung eine Ressource darstellt. Coaches macht man das Leben nicht schwer, die verdienen damit und entwickeln im Idealfall mit einem Ideen, wie man die Krise anpacken kann. Hat man einen Freundeskreis, kann man überlegen, mit wem man was bespricht. Nicht jeder hat die Nerven oder ist gerade in einer so komfortablen Situation, dass er sich mit den Problemen eines anderen beschäftigen kann. Viele haben Freunde für verschiedene Zwecke: Ein jeder ist für etwas anderes »gut«. Mit dem einen spielt man gern Tennis, mit dem anderen arbeitet man gern im Garten, und mit dem nächsten redet man gern über sein Leben. Man sollte sich in der Krise diejenigen heraussuchen, die ein offenes Ohr für so etwas haben. Sie werden sehen, es gibt mehr von ihnen, als Sie denken. Und Sie werden auch sehr schnell merken, wer weniger interessiert ist – das sollten Sie nicht verurteilen, sondern einfach hinnehmen und einen anderen ansprechen. Gut ist, wenn jemand spontan sagt: »Das kommt mir bekannt vor.« Jemand, dem Ähnliches widerfahren ist, kann das spezielle Problem besser verstehen. Manchmal hat die Krise hier sogar einen intensivierenden Einfluss auf die Freundschaft. Probieren Sie es! Machen Sie sich nackig! Wir alle gehen mitunter durch ein Tal und brauchen andere, um uns zu stützen. Wenn möglich, verteilen Sie Ihr »Thema« auf mehrere und verlieren die anderen mit deren eigenen Geschichten nicht aus dem Blick. Dann nervt es auch keinen.

Wenn man Freunde mit einbeziehen kann, muss man nicht immer den Beziehungspartner in Anspruch nehmen. So kann dieser selbst stabil und handlungsfähig bleiben und die Kraft und Stärke geben, die man gerade braucht. Natürlich sollten Sie dem Partner all das sagen, was Sie ihm sagen möchten, jedoch ist es besser, dies konzentriert zu tun. Einmal alles von vorn bis hinten durchsprechen ist besser als morgens zehn Minuten beim Frühstück und abends zwanzig Minuten. Und Sie sollten den Partner durchaus mit einspannen, wenn es um Konkretes geht. Die meisten Partner wollen helfen, merken aber, dass sich in der Krise Gespräche oft im Kreis drehen, und fühlen sich hilflos – wenn sie jedoch etwas Konkretes zu tun bekommen, fühlen sie sich nützlich.

Also, vielleicht kriegen Sie es ja hin, solche Wünsche zu äußern wie: »Denk dir mal was Schönes aus, Schatz, fürs Wochenende, ich muss hier mal weg, aber habe keinen Kopf, mich durch Hotelseiten zu klicken.« Oder: »Kannst du mir dabei helfen, einen guten Anwalt zu finden? Ich bin damit gerade überfordert.« Oder: »Kannst du heute Abend die Pizza machen, ich weiß, ich bin dran, aber ich habe keinen Nerv.« Oder: »Kannst du nicht allein auf diese Familienfeier gehen, ich würde gern mal einen ganzen Tag in der Badewanne liegen und Shows glotzen.«

Den Partner wissen lassen, wie man sich fühlt, möglichst genau Wünsche äußern und ihn um Konkretes bitten – das hilft ihm, sinnvoll helfen zu können. Wie gesagt: dies dosiert und nicht jeden Abend.

Nun ist es so, dass nicht alle von uns einen riesigen Freundeskreis haben. Vielleicht auf Facebook – und auf diese Freunde sollte man durchaus zurückgreifen, wenn man sonst niemanden hat –, aber ich vermute mal, das ist nicht dieselbe Qualität wie ein gemeinsamer Abend an einem kleinen Holztisch mit einer Portion Nudeln und einem Gläschen Wein.

Krisen, die in sogenannte Burn-outs münden, haben üblicherweise zwei Quellen: Überarbeitung und ein mangelnder Freundeskreis. Tun wir doch nicht so: Gerade die Generation vierzig plus hat viel zu viel gearbeitet, und dabei sind viele Freunde auf der Strecke geblieben. Bei den heutigen Arbeitsbedingungen kann man sich ja überhaupt glücklich schätzen, wenn man noch eine gute Paarbeziehung hat – wie soll man da noch Freundschaften pflegen. Was tun?

Bevor wir im nächsten Kapitel auf den professionellen Coach kommen, hier ein paar Ideen: Im Internet gibt es genügend Möglichkeiten zu Kontakten. Untersuchungen der amerikanischen Psychologen Katelyn

McKenna und John Bargh (1998) zeigten schon früh, dass etwa homosexuelle Jugendliche, die gerade in einer Identitätskrise stecken, im Internet Ansprache, Trost und handfeste Tipps bekommen. Dort findet man unter anderem virtuelle Selbsthilfegruppen; auf einigen Seiten wie www.vernetzdich.de kann man entweder sehen, welche Gruppen und welche Themen es in der Nähe gibt, oder man kann selbst welche gründen.

Selbsthilfegruppen sind beileibe keine Jammerchöre, die zu nichts führen, wie manche fälschlicherweise denken. Vielmehr sind sie, das wissen wir aus der Forschung, aus den derzeitigen Interventionsprogrammen nicht mehr wegzudenken. Nehmen wir einmal eine der bekanntesten, die Anonymen Alkoholiker. Die Gruppen bestehen einzig aus Betroffenen und aus keiner einzigen Fachkraft, wie Mediziner oder Psychologe – das hat sogar Vorteile: Viele schämen sich ja, zu einem Therapeuten zu gehen, und für so manchen ist eine Entzugsklinik »das Letzte«. Trotzdem ist die Wirksamkeit dieser Gruppen unbestritten. Die Forschung hat sich die Frage nach dem ausschlaggebenden Faktor für den nachgewiesenen Erfolg solcher Gruppen gestellt. Die Antwort ist: das soziale Miteinander. Hier treffen Menschen andere, die dasselbe Problem haben und die dieselbe Einstellung teilen, nämlich, dass Alkohol keine Lösung ist. Hier unterstützen sich Gleichgesinnte bei ihrem Versuch, das Leben neu zu ordnen, bauen sich bei Rückfällen gegenseitig auf und suchen gemeinsam nach Auswegen. Hier kann man auch davon ausgehen, dass die anderen das »Thema« nicht so schnell nervt.

Menschen sind Rudeltiere. Sie halten sich gern in überschaubaren Gruppen auf, teilen mit den Mitgliedern ihre Meinung und bestärken sich normalerweise in gemeinsamen Wertehaltungen und in ihrem Selbstwertgefühl. Wenn das in Ihrer Clique nicht der Fall ist, könnten Sie sich mal fragen, warum Sie sie trotzdem brauchen – irgendein Bedürfnis wird sicherlich damit befriedigt. Die nächste Frage wäre, ob es nicht in Ihrer Nähe (oder im Netz) eine Gruppe gibt, die *Ihr* Selbstwertgefühl stärkt. Gruppen können das tatsächlich tun.

Im Gegensatz zu vielen einzelgängerischen Tieren haben Menschen andere Menschen als Ressourcen: als *emotionale* Ressource, indem sie mitfühlen und uns trösten und aufbauen können, als *kognitive*, indem sie mit uns zusammen Pläne aushecken können, wie wir Probleme angehen könnten, und als *motivationale*, indem sie uns anspornen können, etwas anderes zu probieren und für uns zu sorgen. Freunde helfen uns, das schlechte Bild, das wir mitunter von uns haben, besser zu rahmen. Das Gute an ihnen ist, dass Sie uns durchaus einmal die Meinung sagen, dass sie auf der anderen Seite aber auch wissen, wie man uns aufbaut. Und in vielen Fällen sind sie langlebiger als Beziehungen.

Es ist deshalb gut, Freunde nicht zu vergessen, Freundschaften zu pflegen, Freunde zu »machen«. Ich habe es als jahrelanger Wochenendpendler selbst erlebt, wie schwierig das sein kann. Die Forschung zeigt, dass man die Last des Pendelns häufig unterschätzt. Abstriche im sozialen Bereich sind unausweichlich. Auf stundenlangen Fahrten ist man sowieso allein, und den Menschen am Arbeitsort, die vielleicht ebenfalls auf der Suche nach Freunden sind, hat man meistens nichts zu bieten. Der »Lebensstil« ist ja meist so strukturiert, dass man montags bis freitags stramm durcharbeitet und das Wochenende für den Partner reserviert ist (wenn man dann nicht auch noch Arbeit mit nach Hause nimmt). Da bleibt wenig Muße, um neue Leute wirklich gut kennenzulernen – vor allem, wenn man das Wochenende, an dem sich mancher an Freundschaft interessierte Single langweilt, nicht im Angebot hat.

Die pädagogische Psychologin Bettina Hannover sagte mir einmal: »In jeder Stadt brauchst du *eine* Person, *mindestens*, der du dich voll anvertrauen kannst. Sonst wird es schwierig.« Ich erinnerte mich daran, als es zu spät war, als ich selbst in den Burn-out geschlittert war – hatte ich mich doch allein auf die Wochenendbeziehung, alte Freunde, die in anderen Städten lebten, und die Arbeit konzentriert. Das ging zunächst einmal gut, aber funktionierte in dem Moment nicht mehr, als ich plötzlich und völlig unerwartet in widrige Arbeitsumstände geriet. Und das ging wiederum schneller, als ich denken konnte. Da stehst du dann allein und weißt nicht mehr weiter. Sicher, man kann telefonieren, ja, auch e-mailen und skypen. Das ist besser als nichts, doch wenn es wirklich schiefläuft, scheint es eine andere Qualität zu haben, jemanden *um sich* zu haben. Ich habe nun dazugelernt, und tatsächlich fällt es mir in Köln leichter, Freundschaften zu leben. Jetzt ist immer jemand für mich da. Kurz: Diese »eine Person« in der Stadt, in der man lebt, ist wichtig, und man sollte sie sich suchen, *bevor* man in eine Krise gerät.

Nun ist das bei Ortswechseln oftmals gar nicht so einfach. Nach Abschaffung der Dorfplätze, an denen man sich früher getroffen hat, mag man sich fragen, wie und wo man heutzutage überhaupt in Kontakt mit Leuten kommt. Ich habe oft in unterschiedlichen Städten allein gelebt und manchmal spielerisch experimentiert, wie einfach es ist, in Cafés und Bars jemanden kennenzulernen. Ich fand das Anquatschen überhaupt nicht schwer – erhielt allerdings auch das ein oder andere unseriöse Angebot –, schwieriger war es jedoch, jemanden zu einem nachfolgenden freundschaftlichen Treffen zu animieren. Tatsächlich waren manchmal recht verpönte Hilfsmittel wie Kontaktanzeigen ertragreicher. Man kann ja nicht nur Beziehungspartner über Dating-Portale finden, sondern auch Freunde. Um ein Beispiel zu geben, so hat ein Bekannter von mir über eine Kontaktanzeige im *Kölner Stadtanzeiger* seine beste Freundin gefunden. Ich selbst habe von Websites profitiert, auf denen sich Abiturjahrgänge wieder zusammentun – eine meiner früheren, längst vergessenen Klassenkameradinnen, die ich dort entdeckte, ist nach dreißig Jahren eine meiner besten Freundinnen geworden. Das alles sieht furchtbar spießig aus, aber manchmal ist es nicht schlecht, Vorurteile aufzugeben und zu experimentieren.

Ein klarer Vorteil ist, dass wir als Zugezogene oder Einsame in einer Stadt nicht die Einzigen sind, die auf der Suche sind. Ich erinnere mich noch daran, wie wir in New York lebten und anfangs absolut niemanden kennenlernten. Sprachen wir in Restaurants Leute an, die uns nett erschienen, gerieten die zuweilen so sehr in Panik, dass sie sofort nach der Rechnung fragten. Machen wir uns nichts vor: Menschen, die schon lange in einer Stadt wohnen, haben meistens ihre sozialen Netze und brauchen niemand anderen mehr; da ist es schwer »reinzukommen«. Genau diese Erkenntnis hat uns geholfen: Wir stellten den Radar auf Zugezogene, die wie wir Kontakt suchten. Nahmen noch ein paar Sprachkurse, machten ehrenamtliche Praktika. Irgendwann hatten wir eine Clique aus Chinesen, Israelis und ja, zum Schluss sogar einem waschechten Amerikaner zusammen.

Ein guter Freund kann genauso wie der Beziehungspartner auf die Suche nach den Ressourcen gehen, die Sie in der Krise vergessen haben oder nicht sehen (wollen). Er kennt sie, er weiß, dass Sie das schaffen, weil er Sie schon in anderen miesen Situationen erlebt hat und beobachten konnte, wie Sie es da rausgeschafft haben. Und das wäre dann auch meine Einladung an Sie: Mit Ihrem guten Freund oder der besten Freundin danach zu suchen, wie Sie andere Frusterlebnisse bewältigt haben. »Wie war das damals, als Karl so gemein zu dir war?«, »Wie war das, als sie dich da rausmobben wollten?«, »Wie war das, als deine Schwester gestorben ist?«, »Wie hast du das *früher* alles hingekriegt? Was hast du da gemacht? Kannst du das jetzt auch nutzen? Wenn nicht, warum nicht?« Vielleicht erinnert sich der Freund sogar besser daran als Sie oder kann Ihnen dabei helfen, Ihre Ressourcen zu wecken. Wichtig dabei wäre, dass er ganz bei *Ihnen* bleibt und Ihnen nichts vorschlägt oder aufdrückt, was eher zu ihm als zu Ihnen passt. Darum geht es ja bei der Ressourcenarbeit: Man sollte sich daran erinnern, *wie man selbst das damals hingekriegt hat*, und nicht, wie jemand anderes es geschafft hat.

Um es zu verdeutlichen: Kollegen rieten mir einmal, meinen früheren Arbeitgeber, die Universität

Amsterdam, zu verklagen, als er auf seiner Homepage postete, meine Daten seien »zu schön, um wahr zu sein« – und mir somit Manipulation unterstellte. Eine Klage wäre sicherlich eine vernünftige Strategie gewesen, passte aber weder zu meiner Art noch zu meiner damaligen Verfassung. Ich war schwer enttäuscht von diesem Arbeitgeber, für den ich mich jahrelang krummgelegt, ein Doktorandeninstitut vor dem Untergang gerettet und einen Forschungspreis nach dem anderen gewonnen hatte. Ich war zudem enttäuscht von den Kollegen vor Ort, die sich nicht für mich einsetzten. Tatsächlich war ich durch das Ereignis schwer traumatisiert und hätte daher einen Gerichtsprozess kräftemäßig gar nicht durchgestanden. Außerdem komme ich nicht aus einer Familie, die sich einen Hausanwalt hält, der jeden Streit für einen aushandelt. Ich wusste gar nicht, wie man das macht, und hatte den typischen Tunnelblick.

Die Kollegen hatten den Ratschlag gut gemeint, und sicher war er nicht schlecht, aber die Lösung, die eher auf mich passte, kam von einer Freundin, Nira Liberman, die mich sehr gut kennt. Sie meinte: »Schreib. Widerleg sie. Zeig allen, dass sie unrecht haben – so unwahrscheinlich, wie die tun, sind die Ergebnisse nicht. Es ist nicht leicht, gegen so eine mächtige Institution zu kämpfen, aber ich helfe dir dabei.« Und so haben wir es dann gemacht. Gemeinsam haben wir die statistischen Analysen auseinandergenommen, die belegen sollten, dass einige Daten auf unerklärliche Weise zustande gekommen waren, gemeinsam schrieben wir Nächte durch, bis uns die Texte gefielen, die wir veröffentlichen wollten. Durch unsere Blogs und Briefe konnten wir selbst vor dem Ehrengericht der Deutschen Gesellschaft für Psychologie, das die Vorwürfe prüfte, zeigen, dass die Analysen wenig aufschlussreich waren. Und ich gewann immer mehr Freunde hinzu. Schreiben passt zu mir; das ist meine Ressource, mein Weg, Probleme anzugehen, und meine Freunde haben mich daran erinnert. Was sind Ihre Stärken? Was würde Ihr Freund sagen, was Sie in Ihrer jetzigen Situation einmal versuchen sollten?

Die Forschung zeigt, dass Freunde und die Familie einen auch unbewusst an die eigenen Ziele erinnern können. Das kann sich dann spontan und automatisch auswirken. So zeigt zum Beispiel der Sozialpsychologe James Shah, dass Collegestudenten, die eben noch an ihre Mutter gedacht hatten, besser in Leistungstests abschneiden. Sie haben die Assoziation »Mutter« und »Leistung« so stark in ihrem Gedächtnis verankert, dass allein der Gedanke an die Mutter sie unbewusst an Leistung erinnert und die Motivation, Leistung zu erbringen, automatisch, ohne nachzudenken, fördert. Damit bin ich beim Thema Herkunftsfamilie. Natürlich gilt das, was ich über Freunde und Beziehungspartner gesagt habe, ebenso für die eigene Familie, also Eltern, Geschwister und Großeltern: Generell wissen sie viel über uns, und oftmals können sie trösten, stützen und aufbauen. Jedoch hat man sie sich nicht ausgesucht, und nicht jeder Leser hat ein solches Vertrauen zu den Eltern, dass er sich zu Hause ausheulen kann.

Doch selbst wenn die Kontakte zur Herkunftsfamilie eher problematisch sind, kann man deren Ressourcen nutzen. Manchmal lasse ich Klienten einen Familienstammbaum aufzeichnen. Im Netz finden Sie Anleitungen, wie so etwas aussehen kann. Es gibt viele verschiedene Versionen, wie man das machen kann. Für Menschen in der Krise bietet es sich an, sich selbst und – falls man sie hat – den Partner und die Kinder aufzuzeichnen, darüber die eigenen Eltern und ganz oben die Großeltern. Nun kann man sich die Mühe machen, Krisen der Familie mit Jahreszahl – sofern man sie zur Verfügung hat – niederzuschreiben. Gab es Krankheiten, Bankrotte, Scheidungen, schwere Unfälle, vielleicht sogar Kriminalfälle, oder gab es gar bei jemandem ein ähnliches Problem, wie man es selbst gerade hat? Hatte die Großmutter oder der Vater einmal eine ähnliche Krise durchzustehen? Oder ein Geschwister? Nun sollte man aber bei der Problembeschreibung nicht stehen bleiben, sondern sich überlegen, wie die Situation *überstanden* wurde. Schreiben Sie also neben die Krisen kurz, wie Ihre Familie oder einzelne Mitglieder die Probleme gelöst haben. Wie löst man gemeinhin in Ihrer Familie Probleme – und könnte das auch *Ihr* Weg sein? Verwenden Sie mindestens genauso viel Zeit bei der Suche nach diesen Stärken, Ressourcen, Talenten und Erfolgen Ihrer Familie, wie Sie für die Probleme verwendet haben – gehen Sie auf Schatzsuche.

Ich finde diese Generationenarbeit häufig recht hilfreich. Manchmal wundern sich Klienten, dass bestimmte Themen in einer Familie immer wieder auftauchen. Das ist nicht nur bei körperlichen Erkrankungen wie Krebs oder Herzinfarkt oder bei psychischen Störungen wie Depression oder Panikattacken so: Bei der Arbeit mit Stammbäumen erstaunt einen oft das merkwürdige Wiederkehren bestimmter sozialer Probleme. Ich wiederhole mich: Das Wichtigste ist, nicht bei diesen Aha-Erlebnissen stehen zu bleiben, sondern sich zu überlegen, wie die Herrschaften damals aus dem Schlamassel herausgekommen sind. Ich habe eben schon verraten, dass wir in unserer Familie keine Prozesshanseln waren – kein Wunder also, dass es mir widerstrebt, vor den Kadi zu ziehen. Wohl aber haben meine Eltern Leistung, Bildung und Schreiben sehr wertgeschätzt. Der Apfel fällt eben nicht weit vom Stamm(baum), und so sind einem Strategien, die die Herkunftsfamilie genutzt hat, häufig vertrauter als solche, die von Außenstehenden an einen herangetragen werden. Sie passen auch besser. Manchmal verschütten unpassende Ratschläge von anderen die bewährten sogar; in solch einem Fall kann ein Bewusstmachen der Familiengeschichte vergessene Ressourcen reaktivieren. Zudem würdigt man, was die Familie schon alles geschafft hat, und kann daraus Mut schöpfen: »Wenn die das alle geschafft haben, schaffe ich das auch.« Das eigene Problem relativiert sich, und man erkennt, dass es zu bewältigen ist.

Selbst wenn irgendein Familienmitglied an einer Krise zugrunde gegangen ist, kann man die Erinnerung daran nutzen. In diesem Fall sollte man sich überlegen, welche Fehler genau gemacht wurden und was man anders machen könnte. Einer Klientin, der gerade ein Kind gestorben war, fiel nach der Stammbaumarbeit auf, dass schon einige Frauen in der Familie Kinder verloren hatten.

»Meine Oma soll nach dem Verlust des Kindes total gefühllos geworden sein, und meine Tante ist daran zugrunde gegangen. Die hat dann getrunken. Aus der dritten Entziehungskur kam sie nicht mehr zurück. Es hat sie einfach fertiggemacht.«

Solche Parallelgeschichten zeigen einem, wovor man auf der Hut sein sollte. Haben wir solche Beispiele, können wir uns von bestimmten Verhaltensweisen distanzieren (»Ohne mich! An den Suff kriegen die mich nicht!«) oder uns fragen, ob wir einen ähnlichen Weg gehen sollten (ist es eine Option, unsensibler zu werden?). Die Klientin entschied sich bewusst dafür, sich weder unterkriegen noch sich ihre Sensibilität nehmen zu lassen. Für sie war das ein wichtiger Schritt: »Es ist gut, mir das mal bewusst zu machen. Denn in der Tat könnte beides passieren. Ich trinke tatsächlich ein bisschen zu viel seitdem. Aber ich habe ja noch die anderen zwei Kinder. Die haben das nicht verdient. Natürlich versuche ich auch, meine Gefühle zu unterdrücken. Sie abzukühlen. Doch wie die Oma möchte ich nicht werden. Die war kalt wie ein Fisch. Manchmal richtig böse. Gut, dass mir das jetzt klar ist – es muss einen anderen Weg geben. Ich werde diese Familienmuster nicht so einfach übernehmen.«

Ich selbst habe über diese Genogramm-Arbeit Ressourcen in meiner Familie gefunden, die ich lange Zeit vergessen hatte. Man kann das Zeichnen des Stammbaums nämlich auch zum Anlass nehmen, mit Familienmitgliedern wieder ins Gespräch zu kommen. Ich bin dadurch meiner Mutter näher gekommen, die mir von Krisen berichtete, von denen ich niemals erfahren hatte. Es war tatsächlich hilfreich zu sehen, wie »normal« mein Schicksal eigentlich war, im Angesicht der Tragödien, die meine Familie schon mitgemacht hatte. Flucht, Besatzung, Vertreibung, Vergewaltigung, Arbeitsunfälle, Tod auf dem Motorrad, Rausschmisse, Verlust des Hauses durch die Wirtschaftskrise – da war nahezu alles Menschlich-Allzumenschliche dabei. Irgendwie haben sie es aber auch alle überstanden – als Kind fühlte ich mich aufgehoben und spürte wenig Mangel. Auch von »kleineren« Dramen berichtete mir meine Mutter. Sie war von ihrer Familie weggezogen, nach Ostwestfalen, mit einem Teller, einer Tasse und wenig Besteck. Ihr erster Tisch war eine Jaffa-Kiste. Sie heuerte bei verschiedenen Arbeitgebern an. Einmal flog sie raus.

»Da stand ich auf der Straße und wusste nicht ein noch aus.«

»Und was hast du dann gemacht?«

»Ich habe mir gedacht, mich kriegt keiner unter.«

»Und woher hast du das genommen?«

»Aus der Einsicht, dass im Leben immer mal wieder Türen zufallen, und der Zuversicht, dass sich immer wieder eine neue öffnet. Das ist mir immer so ergangen.«

Ich musste schmunzeln, denn was mir meine Mutter da erzählte, war nichts anderes als mein Therapiekonzept, das ich mir nach jahrelanger Ausbildung angeeignet hatte: Ich will anderen Leuten helfen, Türen zu öffnen.

Offenbar war das aber wohl ein Glaubenssatz, den ich schon mit der Muttermilch aufgesogen hatte. Außerdem vermittelte meine Mutter mir, dass »so jemand wie wir« immer weiterkommen werde, weil wir nicht dasitzen, sondern nach angelehnten Türen suchen. Meine Mutter, die einmal eine Jaffa-Kiste als Tisch hatte, verbringt ihr Rentnerleben in einer großen eigenen Wohnung.

Lassen Sie Ihre Ahnengalerie mal vor Ihrem inneren Auge auferstehen. Wie hat Ihre Familie Krisen gemeistert? Welche hilfreichen Glaubenssätze gibt es in Ihrer Familie? Welche haben Sie vergessen, und welche könnten heute hilfreich sein?

Eine Klientin berichtete mir vor Kurzem, sie habe einen Stammbaum gezeichnet, in dem sie Generation für Generation die Stärke der Frauen der Familie eingezeichnet habe. Wenn es ihr dreckig gehe, müsse sie nur auf das Bild schauen, und schon gehe es ihr besser.

4
COACHING – RESSOURCEN (WIEDER)ENTDECKEN

Mag einen Beigeschmack haben, wenn ein Psychologe das sagt, dennoch: In Krisenzeiten sollten Sie einmal überlegen, ob es nicht Zeit für einen Coach, eine psychologische Beratung oder einen Therapeuten wäre. Wenn Ihre Krise mit einer sogenannten psychischen Störung einhergeht, also, wenn Ihr Arzt Sie zum Psychiater geschickt hat und der beispielsweise eine »depressive Verstimmung« oder Ähnliches feststellt, dann werden Sie sicherlich sowieso irgendwann mit einem meiner Kollegen zu tun haben. Dann zahlt es allerdings die Krankenkasse.

Dieses Buch ist sowohl für Menschen gedacht, die auf einen Termin »auf Rezept« warten, denn häufig ergeben sich sehr lange Wartezeiten, als auch für all jene, bei denen keine »Störung« diagnostiziert wurde, die aber trotzdem leiden und ein paar Anhaltspunkte haben wollen, wie sie ihr Problem mithilfe eines Experten lösen können.

Das psychotherapeutische Angebot in Deutschland ist reichhaltig – es geht über eine kassenfinanzierte Psychotherapie weit hinaus. Viele Kollegen und Kolleginnen, meist Psychologen, aber auch Berater mit anderen Ausbildungshintergründen, tummeln sich auf dem Therapie- und Coachingmarkt. Die Tatsache, dass manche keine Kassenzulassung haben, sagt zunächst einmal nichts über ihre Qualität aus – ich kenne viele, die ihre Zulassung irgendwann zurückgeben, weil sie sich durch die Krankenkassen gegängelt fühlen. Für den Therapeuten hat eine solche Zulassung teils erhebliche Nachteile: Ein Praxissitz kostet Unsummen, die man erst einmal verdienen muss, und da sind die starr festgelegten Kassensätze keine große Hilfe. Außerdem fühlen sich viele durch die Tatsache, dass man zum Beispiel Urlaubszeiten anmelden muss, eher eingeschränkt als selbstständig. Ohne Zulassung können sie privat abrechnen und ihren Alltag selbst und flexibel gestalten. Für den Klienten hat die Beratung bei einem Privatanbieter ebenfalls Vorteile: Meistens sind die Wartefristen kürzer, und weder Arbeitgeber noch Krankenkasse erfahren von etwaigen Problemen, was durchaus von Nutzen sein kann. Nicht jeder Arbeitgeber hat gern einen »Depressiven« in der Führungsspitze (auch bei der Verbeamtung gibt es nicht selten Probleme), und Menschen mit solchen Diagnosen zahlen bei einem Krankenkassenwechsel meist höhere Kassenbeiträge. Und das, obwohl nach neuen Zahlen ca. fünfzig Prozent aller Deutschen mindestens einmal im Leben einen Therapeuten aufsuchen.

Diese Zahlen zeigen andererseits, dass es, statistisch gesehen, nichts Besonderes ist, professionelle Hilfe in Anspruch zu nehmen. Ich erinnere mich an meine Zeit in New York, als mich amerikanische Kollegen für verrückt hielten, nachdem sie erfuhren, dass ich noch nie einen Therapeuten aufgesucht hatte. Das gehörte für sie zu einem gesunden Leben dazu, wie für uns Deutsche der Besuch beim Hausarzt. In Deutschland ist, obwohl sich diesbezüglich inzwischen einiges geändert hat*, der Gang zu einem Therapeuten für viele nach wie vor schwierig. Man möchte nicht als »irre« angesehen werden, nur, weil man mal in der Klemme steckt. Man ist eher bereit zu akzeptieren, dass der Körper hin und wieder Probleme macht – deshalb gehen wir ja zum Hausarzt –, als dass die Seele kränkelt; da tun wir Deutsche doch gern so, als wäre sie perfekt, oder jedenfalls nicht zu heilen. Wir tragen unser Geld ins Fitnessstudio, wo wir unseren Körper stählen und verbessern möchten, während wir bei Angelegenheiten der Seele lieber alles mit uns selbst ausmachen oder glauben, Freunde könnten dasselbe leisten wie ein Therapeut.

Das ist natürlich Blödsinn. Jeder hat sein Päckchen zu tragen, und ich habe, ehrlich gesagt, noch keinen einzigen Euro bereut, den ich in ein Coaching gesteckt habe. Für mich, der ich als Psychologe und als Coach tätig bin, ist es selbstverständlich, dass ich mich mental sortiere. Denn natürlich haben auch Psychologen mal Probleme, so wie Hautärzte ja auch manchmal Herpes haben, aber in unserem Fall sollten unsere Sorgen und Gefühle nicht die Arbeit mit Klienten beeinflussen. Und nicht zuletzt die Arbeit mit Studierenden, die ich fair bewerten und unterrichten sollte und möchte, erfordert es, dass ich mit mir selbst im Reinen bin.

Jedoch sollte der sorgsame Umgang mit der Psyche

---

* Gerade veröffentlichte die *Zeit* einen Artikel, in dem der neue Trend, zum Psychologen zu gehen (gern nennen Klienten ihn »Lebensberater« oder »Coach«, weil das weniger mit Verrücktsein assoziiert ist), thematisiert wurde. Der Artikel beschreibt vor allem die positiven Auswirkungen. Dabei profitieren immer mehr Männer von Coachings, eine Klientel, die früher weniger empfänglich für emotionale Themen war.

nicht nur für Psychologen ein Teil des Lebenskonzepts werden. Wer heutzutage professionelle Verantwortung trägt, sollte seine Urteilsfähigkeit bilden und seine eigenen Probleme im Griff haben – die Zeit der narzisstischen Chefs und der neurotischen Mitarbeiter sollte langsam vorbei sein. Coaches helfen ja nicht nur bei akuten Problemen, sondern auch bei der Persönlichkeitsentwicklung – und wer hätte keinen Bedarf, an sich zu arbeiten? Irgendetwas haben wir doch alle: Der eine fühlt sich zu schüchtern, der andere denkt, er habe den falschen Beruf ergriffen, ein dritter hat keinen Draht mehr zu seiner pubertierenden Tochter, ein vierter hat Prüfungsangst, und bei einem Paar läuft es im Bett oder im Urlaub nicht mehr so gut. In allen diesen Fällen können Coaches* helfen, und wenn Sie an einen richtig guten Therapeuten geraten, dann kann schon die erste Stunde vieles bewirken.

Wie findet man einen guten Therapeuten? Ich könnte Ihnen nun alles über die unterschiedlichen Schulen erzählen, in die der Psychomarkt aufgeteilt ist. Einige haben sich etabliert (systemische Therapie, Familientherapie, Verhaltenstherapie, Gestalttherapie, Gesprächstherapie und Psychoanalyse), und auch andere (wie NLP, Hypnosetherapie, um nur einige zu nennen)

---

* Sie sehen, ich verwende hier »Therapeut«, »Coach« und »Berater« im Wechsel, weil ich nicht nur die Psychotherapeuten meine, die vorwiegend für schwerwiegende psychische Störungen zuständig sind, die die Kassen meist bezahlen, sondern auch Therapeuten, Berater und Coaches mit einbeziehe, die in unterschiedlichen Instituten ausgebildet wurden, aber den gesetzlich geschützten Titel des Psychotherapeuten nicht führen dürfen.

sind für bestimmte Klienten hilfreich. Aber ich gehe in diesem Buch einen anderen Weg, da ich weiß, dass Sie momentan überhaupt keine Lust zu einer umständlichen Suche haben. Das Einfachste ist: herumfragen, wer der beste Therapeut in der Umgebung ist. Die Persönlichkeit des Therapeuten ist ein außerordentlich wichtiger Faktor für den Therapieerfolg, wie die Forschung zur Wirksamkeit der Psychotherapie zeigt. Der zweite einfache Tipp ist: Wechseln Sie den Therapeuten, wenn er Ihnen nicht gefällt. Das tun Sie schließlich mit Ihrem Hals-Nasen-Ohren-Arzt genauso. Wenn Sie um Qualitätsstandards besorgt sind, können Sie auch auf Zertifizierungen durch Dachverbände achten. Die Ausbildung zu systemischer Therapie, die ich gemacht habe, wird zum Beispiel durch die Deutsche Gesellschaft für Systemische Therapie und Familientherapie geprüft und zertifiziert und Verhaltenstherapeuten durch die Deutsche Gesellschaft für Verhaltenstherapie. Der Berufsverband Deutscher Psychologinnen und Psychologen bietet zudem auf seiner Website eine Psychologensuche an.

Als ich mich damals zu einer Therapie durchgerungen hatte (und glauben Sie nicht, dass es einfach war, mir einzugestehen, dass ich Probleme hatte – so einfach ist das wohl bei niemandem …), lief es so ab: Ich wollte unbedingt zu einer Systemikerin mit viel Erfahrung. Die Systemik gefiel mir aus mehreren Gründen, aber was ich vor allem wollte, war volle Transparenz und Autonomie. Das bedeutet, dass ich als Individuum wahrgenommen werde, jederzeit »Stopp!« sagen kann, wenn ich will, und dass man mir alles erklärt und erklären kann, was »mit mir gemacht« wird. Man »therapiert« auf Augenhöhe und nicht von oben herab. Außerdem erschien es mir sinnvoll, meine Familiengeschichte zu durchleuchten, und ich wollte nicht in eine Schublade gesteckt werden – diesbezüglich kommen einem die Systemiker entgegen, die sehr vorsichtig mit Diagnosen umgehen und versuchen, Verhaltensweisen nicht zu bewerten. Sie arbeiten häufig problemlösungsorientiert und immer wertschätzend.

Das waren also die Vorgaben, und anstatt zu googeln (es interessiert mich nämlich nicht, wer die beste Internetseite hat) erkundigte ich mich bei Leuten, von denen ich wusste oder ahnte, dass sie schon mal bei einem Coaching waren. So kam ich an »meine« Haustherapeutin, die keine Viertelstunde benötigte, um mir genau das zu geben, was ich brauchte: Stärkung, Persönlichkeitsentwicklung, Problemlösung. Gelitten habe ich übrigens nie bei ihr – dies ist ja eine Angst, die viele haben: dass in jeder Therapie »ganz, ganz viel Schrott nach oben kommt«. Ich gebe zu, das ein oder andere Mal musste ich weinen (was aber nicht an der Therapeutin, sondern an der Situation lag), doch Horrorgeschichten, Tausende neue Baustellen oder das Gefühl, »jetzt musst du noch mal ganz von vorn anfangen«, stellten sich nicht ein. Systemiker wühlen sowieso niemals im Schrott, sondern suchen nach dem Gold, das in einem schlummert. Sie suchen also nach dem Guten, den Stärken, den eigenen Ressourcen, die einem aus dem Schlamassel heraushelfen könnten.

Geben Sie sich einen Ruck! Probieren Sie es doch einfach mal aus!

Häufig höre ich die Frage, ob ein Besuch beim Coach nicht eine Bankrotterklärung an die eigene Beziehung ist. Das ist großer Blödsinn, denn der Partner ist kein ausgebildeter Coach und ist gerade dann, wenn er einen liebt, nicht immer in der Lage zu einer Adlerperspektive. Im Gegenteil, Partner sind nicht selten so stark in den Problembereich eingearbeitet, dass sie ähnliche Sichtweisen einnehmen, wie derjenige mit dem Problem. Sie beobachten den Partner, hören zum fünfzigsten Mal »Ich habe doch alles versucht!« und glauben das irgendwann. Partner sind außerdem parteiisch, und das ist ja gut so, denn wer will schon allein im Regen stehen und auch noch den Partner gegen sich haben? Mit anderen Worten: Der Partner stützt einen auf ganz andere Weise als ein Coach, der in der Lage ist, professionell von außen auf ein Problem zu schauen und vielleicht sogar die Perspektive der Gegenseite (falls es eine gibt) mit zu berücksichtigen. Um ein Beispiel zu geben: Als ein Klient völlig aufgebracht zu mir kam und mir erzählte, dass er von seiner Mutter enterbt wurde, habe ich versucht, mich als Coach kurz einmal in die Situation der Mutter zu versetzen, und das war hilfreich, um zu verstehen, warum sie diesen Schritt getan hatte. Seiner Frau war diese Sichtweise verstellt – sie hatte mit ihm gelitten, sich auf seine Seite geschlagen und verabscheute die Schwiegermutter genauso wie ihr Mann. Umso sicherer wurde der Mann, dass er nie wieder mit »dieser Frau, die sich meine Mutter nennt« ins Gespräch kommen würde. Von wegen Liebe heilt! Oder Liebe löst alle Probleme in Luft auf!

In diesem Fall, und das ist nicht so selten, hatte ein Partner die mentale Sackgasse des anderen sogar verstärkt. Manchmal tut einem der Partner furchtbar leid – man »schwingt so sehr mit«, dass man selbst leidet oder wütend wird. In der Psychologie nennen wir das eine *Problemtrance*, und die ist wenig hilfreich. Mir schien, die Partnerin hatte sich sogar noch mehr in den Hass reingewühlt als mein Klient. Das kann aus Liebe geschehen und muss nicht böse gemeint sein, vielmehr kann das von beiden als stützend und wertschätzend empfunden werden. Allerdings verbaut es nicht selten die Möglichkeiten zum Kontakt mit der Gegenseite und verzerrt die Perspektive auf Lösungen. In diesem Fall konnte ich die einseitige Sichtweise der Ehefrau ganz neutral erklären: Während mein Klient wahrscheinlich viele gute Erlebnisse mit seiner Mutter hatte, auch wenn sie vielleicht weit zurücklagen, waren bei seiner Frau positive Aspekte aus mehreren Gründen weniger präsent. In unseren Gesprächen über die Mutter erinnerte er sich an das Schaukelpferd zu Weihnachten, daran, wie sie gemeinsam mit dem Tod des Vaters fertiggeworden waren, und an die Heldengeschichten, die seine Mutter über die Flucht aus Schlesien zu berichten hatte. Der Ehefrau hatte das alles nicht erlebt und auch nicht davon gehört – ihr fielen vielmehr die vielen Belehrungen beim Spülen ein (»Den Lappen musste täglich wechseln, Inge, täglich!«) und die letzten Monate, die voller Konflikte waren. Ihre negative Haltung der Schwiegermutter gegenüber war also nachvollziehbar, und ihre Parteinahme zeigte, wie wichtig ihr Mann für sie war. Das stützte ihn psychisch, trug aber nicht dazu bei, eine Lösung zu finden.

Obwohl ich hier keine Wahrheiten verkaufen möchte, gibt es bei solchen Konflikten doch eine ganz harte Wahrheit. Das ist fast etwas Logisches, Mechanisches, Technisches: Wenn keiner klein beigibt, dann lösen sich die Probleme nicht auf. »Klein beigeben« hieß in diesem Fall: Mein Klient musste das Gespräch mit seiner Mutter wieder aufnehmen, wenn er was von ihr wollte.

Als Coach gelang es mir zudem, mit dem Klienten zu ergründen, was ihn besonders an dieser Enterbung quälte, und wir kamen über seine Erzählungen auf viele Faktoren, die zu diesem Eklat geführt hatten – auch solche, die er schon vergessen hatte. Beispielsweise hatte er seiner Frau vor Jahren einmal einen Sportwagen gekauft, was die Mutter, die aus einer ganz anderen Zeit stammte, schlichtweg nicht akzeptieren konnte: »Da kann man ja gleich das Geld verbrennen.« Ihm wurde deutlich, wie wichtig seiner Mutter die finanzielle Sicherheit war und wie wenig sie ihm und seiner Frau zutraute, mit dem Erbe etwas Vernünftiges anzufangen. Da aber sah ich einen Stellknopf: Wenn das das Problem ist, dann sollte es doch möglich sein, der Mutter zu versichern, dass man das Geld nicht verjubeln würde. Man könnte ja anbieten, eine Immobilie zu kaufen oder etwas, das sie für sicher hielt. Wir entwickelten also Ansätze, wie mein Klient und seine Mutter wieder ins Gespräch kommen könnten, und dies, ohne dass er sich dabei verstellen oder gar aufgeben musste. Die guten Erinnerungen öffneten die Tür zu einer neuen Begegnung, und die Diskussion der Beweggründe der Mutter bot einen Ansatz für neue Gespräche mit ihr.

Ich weiß übrigens nicht, ob der Klient nun tatsächlich etwas erben wird – nach schmerzhaften Gesprächen hat seine Mutter zwar von ihrem ursprünglichen Ansinnen Abstand genommen, allerdings ist die Dynamik in der Familie so stark (Mutter und Ehefrau können sich aus mehreren Gründen nicht riechen), dass sie ihre Meinung möglicherweise wieder geändert hat. Egal, Bewegung war für meinen Klienten allemal besser als Stillstand, und deswegen hatte er mich ja aufgesucht. Ich konnte ihm zeigen, dass Sätze wie »Mit der sprechen? Mit der? Aussichtslos! Nie wieder! Nur über meine Leiche!« nur Momentaufnahmen sind. Er wechselte die Sicht auf die Krise, und es fiel ihm danach leichter, »über den eigenen Schatten zu springen« und auf seine Mutter zuzugehen.*

Einige haben die Idee, dass die Liebe an sich Krisen abwehrt, selbst wenn der Partner vielleicht nicht konkret helfen kann. Die Liebe mag groß sein, aber mit Krisen ist selbst sie überfordert. Liebe hilft, wenn es einem schlecht geht, klar. Ein gutes Lebensgefühl hebt den Selbstwert, macht kreativ – stimmt alles –, aber sie hilft nicht, mit einem verrückten Chef klarzukommen, eine gemeine Mutter zu verstehen oder warum das Kind Drogen nimmt. Es gibt sogar die Vorstellung, dass die Liebe einen gegen Krankheiten wappnet. Ein gefährlicher Gedanke. »Nur die Liebe lässt uns leben« ist ein Song, der nur einen Teil der Wahrheit zum Ausdruck bringt. Es ist sicherlich besser, wenn einem der geliebte Mensch den Tropf hält; das stützt, tröstet, nimmt Angst, aber wenn man im Umkehrschluss denkt, dass der Krebs nicht gekommen wäre, wenn man nur richtig geliebt hätte oder geliebt worden wäre, ist das esoterischer Humbug.

---

* Hätte er das übrigens nicht gewollt, auch gut. Vermutlich hätten wir dann daran gearbeitet, wie man auch ohne Erbe nicht verhungert.

Man sollte auch nicht erwarten, dass der Partner zu hundert Prozent nachvollziehen kann, was man gerade durchmacht. Ich hatte mal einen erfolgreichen Fernsehmenschen bei mir, der mir erzählte, wie sehr ihn ein Shitstorm beschäftigte, der gerade im Internet tobte. Seine Frau war nicht in derselben Branche und hatte ihr eigenes Geschäft. Sie kannte die Talente ihres Mannes und war sich sicher, dass er auch ohne das Fernsehen eine gute Karriere machen, also durchaus in einem anderen Beruf glücklich werden könnte. Das bedeutete, immer wenn er abends wieder davon anfing, wie sehr ihm das Mobbing zusetze, was diese gemeinen anonymen Typen im Netz wie »madthink« und »TVhater« gerade wieder gesagt hatten und welchen Kollegen er hinter welchem Chat-Namen vermute, dann verstand sie ihn zu neunzig Prozent. Sie verstand, wie schlecht es ihm ging, streichelte ihm die Hand und sorgte dafür, dass seine Lieblingsschokolade nie ausging. Aber die restlichen zehn Prozent rollte sie innerlich mit den Augen: Wie lange sollte das denn noch so gehen? Warum konnte er denn nicht loslassen? Warum konnte er diesen blöden madthink nicht einmal madthink sein lassen? Warum schmiss er nicht einfach alles hin und startete ein neues Leben, mit all den Talenten, die er doch hatte?

Es ist eine Illusion, dass einen ein Partner voll und ganz versteht. Immerhin handelt es sich dabei um eine eigene Person mit einem eigenen Kopf und eigenen Bedürfnissen, unter anderem dem Wunsch nach einem guten Leben ohne Stress und Krisen. Einen Teil des Weges kann er gedanklich mitgehen, aber sicher nicht den ganzen, selbst wenn die Beziehung auf Wertschätzung baut. In unserem Fall war die Partnerin unbedingt liebenswürdig. Sie hielt ihren Mann ja sogar für fähig, mit seinen Talenten noch einmal durchzustarten. Mehr Respekt geht nicht. Aber selbst wenn sie ihn gut versteht, sagen wir, zu fünfundneunzig Prozent, dann ist damit nicht gesagt, dass sie ihm wirklich am besten helfen kann. Ihre Idee, mit dem Fernsehbusiness aufzuhören, passte nicht zu ihm, auch wenn sie das nicht verstand. In manchen Fällen habe ich erlebt, dass Leute ihrem krisengeschüttelten Partner nicht Schokolade, sondern (weniger harmlosen) Schnaps anboten. Auch dies aus Liebe. Ein Coach würde so etwas nie machen. Er würde immer bei den Wünschen des Klienten bleiben und seine eigenen für ihn ausblenden. Allein deshalb ist er ein nützlicher Krisenbegleiter.

Ich habe oben noch ein weiteres Problem angesprochen, das sich bei diesem Paar zeigte: Sich einem anzuvertrauen macht eine Beziehung aus. Man darf jammern, alles erzählen, weinen. Auch immer wieder mal. Jemanden aber ständig mit seinen Problemen zuzuballern und zu erwarten, dass der andere immerzu die Nerven dafür aufbringen und alles nachvollziehen kann und dann auch noch die beste Lösung parat hat, ist ein Unding.

Allerdings kann der Partner *innerhalb eines systemischen Coachings* mithelfen. Ohne Frage kann er dem Therapeuten wichtige Informationen liefern. Es ist ja so: Der Partner kennt unsere Stärken und kann dem Therapeuten helfen, sie in uns zu reaktivieren. Ein Therapeut kann zum Beispiel mit dem Klienten eine Sammlung an Talenten und Ressourcen zusammenstellen. Manche seiner Stärken mag der Klient in einer

Krise vergessen haben, und hier kann der Partner helfen, ihn »aufzufüllen«. Manche Klienten sind ganz erstaunt, wie viele Ressourcen sich da so ansammeln. Das allein kann sie stärken, die Sache durchzustehen, sie anders anzugehen oder einen Plan B zu entwickeln. Der Therapeut kann auch helfen zu verhindern, dass ein solcher *Ressourcenkorb* Druck aufbaut und damit das Gegenteil bewirkt (in dem Sinne: »Nun schau doch, Heinz, was du so alles kannst! Und dann jammerst du jeden Abend rum!«). Ressourcenkörbe sind Sammlungen von eigenen Stärken, die man am besten in guten Zeiten anlegt. Vielleicht geht es Ihnen ja gerade gut, und Sie lesen das Buch aus Interesse statt aus einer Krise heraus. Mit einem solchen Korb können Sie sich gegen Regentage wappnen.

Folgende Übung: Kaufen Sie sich sogenannte Moderationskarten, die meist farbig und aus fester Pappe sind. Beschaffen Sie sich zudem ein Behältnis, das Ihnen gefällt – einen Ressourcen*korb*; das kann tatsächlich ein Korb beziehungsweise ein Körbchen sein, aber auch eine Schachtel, eine Dose o. Ä. Auf jede Karte schreiben Sie eine Ihrer Ressourcen, so etwas wie »fleißig«, »intelligent«, »lese gern und viel«, »habe Peter zum Freund«, »Kreativität« usw. Nehmen Sie sich Zeit. Ich bevorzuge recht kurze Schlagwörter, weil ich die schnell erkenne und sie bei mir gut wirken. In Krisenzeiten ist es hilfreich, einen Blick in den Ressourcenkorb zu werfen, denn Sie werden viele Ihrer Ressourcen vergessen haben. Wenn es nicht anders geht, kann man eine solche Sammlung auch in Krisenzeiten anlegen. Dabei kann einem ein Freund oder Partner bei der Erinnerung auf die Sprünge helfen. In der Familientherapie ist es nicht unüblich, die Partner einmal mit zu einer Sitzung einzuladen, – vorausgesetzt, der Klient findet das in Ordnung. Ein Coach kann gemeinsam angelegte Ressourcenkörbe dann gut zur Begleitung, Stärkung und möglicherweise zur Problemlösung nutzen und auch den Partner bei seinem Mit-Leiden begleiten. Im Fall des Fernsehmenschen hatte ich die Gelegenheit, einmal beide in der Praxis zu haben. Dabei wurde ihr der Druck, den sie – ohne es zu wollen – aufbaute, sichtbar; und ihm wurde klar, dass dieser Druck ein Ausdruck ihres Respekts war und nicht böse gemeint.

Rückblickend auf das vorherige Kapitel kann man sagen, dass andere Menschen gut für einen sind – sie können ebenfalls Ressourcen sein. Sie gehen mit einem bestenfalls durch dick und dünn, sie stärken und stützen einen, kennen einen, und wir nehmen ihre Ratschläge an, weil wir ein Grundvertrauen voraussetzen können. Aber: Partner und Freunde sind parteiisch. Coaches und Therapeuten dagegen sind objektiver, können von außen auf die Lage schauen, sehen auch, wann ein Freund oder Partner den Klienten aus den Augen verloren hat. Und sie kennen nicht nur Techniken, um an die Stärken eines Klienten heranzukommen; das ist nur eine – einfache, aber sehr wirksame – von Hunderten Methoden. Geben Sie sich einen Ruck, und gehen Sie zu einem Coach oder Therapeuten. Sorgen Sie gut für sich! Ihre Seele ist mindestens so wichtig wie Ihr Körper.

5
ACHTSAMKEIT –
IM HIER UND JETZT SEIN

Als ich über die letzte Buchmesse spazierte, kam es mir so vor, als wären meterweise Regale mit Achtsamkeitsbüchern gefüllt. Darunter waren auch vollkommen leere Bücher, auf denen so etwas wie »Mein Achtsamkeitstagebuch« oder »Achtsam durch den Tag« stand. Schnell ist man versucht, diesen Trend als kommerziellen Hokuspokus abzuwerten, auf der anderen Seite kann ein solches Überangebot natürlich auch ein Zeichen für den Erfolg einer bestimmten Methode sein.

Wieder zu Hause, fiel mir das Gesundheitsprogramm meines Arbeitgebers in die Hände – im Angebot ein morgendliches Achtsamkeitstraining, das die Angestellten kostenlos in Anspruch nehmen konnten. Arbeitgeber kostet solch ein Training natürlich eine Stange Geld, und eine Universität, die von Steuergeldern finanziert wird und deren Angestellte ständig darüber klagen, wie sie den Mangel verwalten müssen, gibt nicht mal eben Mittel für ein zweifelhaftes Psychodingens frei. Auch die vielen Anfragen von Studierenden für Masterthesen sind Anzeichen für den Trend. Einige davon haben wir sogar schon umgesetzt, und am Lehrstuhl führen Andrea Führer und PD Dr. Elke Rohmann derzeit ganze Serien von Studien zu Achtsamkeit und Beziehungszufriedenheit durch.

Achtsamkeit ist die Fähigkeit, sich auf das *Hier und*

Jetzt zu konzentrieren und Empfindungen, Dinge und Erlebnisse bewusst wahrzunehmen, *ohne sie zu bewerten*. Wenn man achtsam ist, erkennt man, dass Erfahrungen, Gedanken und Emotionen nur vorübergehende Erscheinungen sind und nicht ewig andauern. Trauer, Schmerz, Neid, Eifersucht – das alles ist *transient*, es geht also vorbei. Ein Effekt von Achtsamkeitsübungen ist, dass man Dinge wahrnimmt, die sonst an einem vorbeiziehen, wie die Frühlingssonne, die sich gut anfühlt, wenn man sich ihr bewusst zuwendet und ihr eine Chance gibt. Selbst Mineralwasser gewinnt eine ganz andere Qualität, wenn man es Schluck für Schluck bewusst spürt, anstatt es in einem Zug hinunterzustürzen. Wie ist das Wasser auf der Zunge, wie am Gaumen? Wo prickelt es, wo kratzt es? Fließt oder tröpfelt es in den Magen? Unser Körper ist ein Wunder, ein eigener Kosmos mit vielen Gängen, Windungen, Empfindungen – er kann zu einem wahren Vergnügungspark werden, wenn man sich die Mühe macht, ihn zu entdecken.

Ebenso ist es mit der Welt, die uns umgibt; sie ist voller schöner Momente und Kraftquellen, selbst dann, wenn wir mitten in der Krise stecken. Es liegt eine unbedingte Wahrheit in dem Satz: *Das Hier und Jetzt ist schön*. Finden Sie das zynisch, weil es Ihnen gerade richtig schlecht geht? Klingt es besser, wenn ich sage: *Fast jeder Moment hat etwas Schönes, wir sehen es nur nicht immer?* Nein? Vielleicht ist Folgendes ein Zugang: Schauen Sie doch mal genauer hin, was genau Ihnen gerade die Stimmung verhagelt. Vermutlich ist es etwas, das *in der Vergangenheit* passiert ist (das, was die Krise ausgelöst hat und Sie jetzt bedrückt). Und es sind die Sorgen, die Sie sich machen, was daraus *in der Zukunft* werden kann. Halten wir fest: Das Miese liegt in Vergangenheit und Zukunft.

Jetzt schauen Sie mal auf das Hier und Jetzt, und zwar bewusst. Schauen Sie in den Himmel. Nehmen wir einmal an, draußen stürmt es gerade und Sie sitzen in der Wohnung. Ist nicht das allein eine kleine Sensation? Dass Sie im Warmen sitzen, sich womöglich in eine Decke wickeln können, und ist der Himmel, aus Ihrer sicheren Position heraus betrachtet, nicht gigantisch? Ist es nicht phänomenal, wie sich draußen Wolken bilden, wie sie abregnen, den Boden wässern – ist es nicht schön, dass Sie das Leben hier erleben dürfen? Achtsamkeit führt häufig zu einer Dankbarkeit dem Leben gegenüber. Man mag auch sagen: den kleinen Dingen gegenüber. Aber diese Dinge sind ja nicht wirklich klein, sie sind es nur, weil wir sie kleinreden. Mineralwasser! Wie viele Menschen in der Welt haben denn Mineralwasser, gut temperiert aus dem Kühlschrank? Wer hatte das vor hundert Jahren? Wenige. Aber wir haben es, im Hier und Jetzt.

In der Krise geht es uns schlecht. Einem *Teil* von uns, wohlgemerkt. Aber ein Teil von uns ist auch stark. Das ist der Teil, der kämpft, der uns am Leben hält und uns bis jetzt am Leben gehalten hat. Dieser Teil kann wahrnehmen, er lebt, er atmet, er hat einen Himmel über und einen Boden unter sich. Er hat eine Wohnung und eine warme Decke. Vielleicht machen Sie sich große Sorgen, ob das auch morgen noch so sein wird. Aber morgen ist morgen, und jetzt ist jetzt, und morgen kann uns schon der Müllwagen überfahren; vielleicht gewinnen wir aber auch im Lotto. Dieser starke Teil in uns kann das, was wir jetzt haben, spüren und wertschätzen.

Selbst in den letzten Tagen des Lebens hilft ein achtsamer Umgang mit der Gegenwart, die Situation zu ertragen. Natürlich haben wir Angst vor dem Sterben. Doch noch leben wir. Noch empfinden wir. Noch spüren wir die Hand eines anderen oder schauen ins frische Grün oder riechen den Bäcker aus der Ferne.

Ich erinnere mich an den Tag, als mein Vater in unseren Armen starb. Alles andere als ein schöner Tag. Es gab diese Momente, in denen ich seine Hand drückte und ihm zuflüsterte: »Bitte, geh nicht, wenn ich dabei bin. Geh, wenn ich mir einen Kaffee hole.«

Und er, der angeblich nichts mehr merken konnte, weil das Morphium seinen Körper vergiftet hatte, drückte ganz leicht meine Hand und sagte mir damit: »Denkste! Trink deinen Kaffee, und dann kommst du wieder, und wir machen das zusammen!«

»Das bilden Sie sich ein«, sagte eine Schwester, »die gehen immer, wenn die Verwandten grad mal weg sind. Auf dem Klo oder eine rauchen oder so. Und bewegen kann er sich sowieso nicht mehr. Ihr Vater kann Ihre Hand nicht mehr drücken.«

»Was weiß die schon?«, flüsterte ich. Papa schien zu lächeln und mir damit zu sagen: »Die Frau ist im Stress. Lass die mal reden.« Recht hatte er, denn sie hatte keine Gelegenheit, so achtsam zu sein wie ich, der ich den ganzen Tag hier herumsaß. Ich trank viel Kaffee an dem Tag, und immer wenn ich zurückkam, sagte die Schwester: »Er hat sich erholt. Komisch. So kann das ja noch Tage gehen.«

Mein Vater starb zwischen den Kaffeepausen, genau

so, wie er es mir zart in die Hand gedrückt hatte. Als ich neben ihm saß. Das war kein schöner Moment. Aber ein würdiger, ein wichtiger, ein achtsamer Moment.

Achtsamkeit ist relativ gut erforscht. Der Psychologe Kirk Brown fasste die Forschung zusammen und wunderte sich wohl selbst, dass eine Methode so erfolgreich sein kann. Normalerweise hilft eine bestimmte therapeutische Methode nur manchen Menschen oder in bestimmten Situationen oder nur bei einigen »Störungen«. Achtsamkeit steigert die Stimmung, das Wohlbefinden, stärkt das Immunsystem und die körperliche wie psychische Gesundheit, erhöht die Selbstkontrolle sowie die Kreativität und verringert das Stressempfinden. Negative Gefühle werden eher als vorübergehend angesehen, das Hier und Jetzt wird als positiv und mit Dankbarkeit erlebt. Neuropsychologische Untersuchungen zeigen zudem, dass achtsame Menschen bedrohliche Reize besonders schnell im präfrontalen Kortex weiterverarbeiten. Dieser Teil des Hirns hilft uns, Negatives wie Bedrohungen und Ekliges besser einzuordnen und wertneutral zu betrachten. Achtsamkeit wird daher häufig bei belastenden emotionalen Störungen wie Depressionen, Grübeln, Schlafstörungen und chronischen Panikattacken eingesetzt. Zu all den positiven Effekten kommt die leichte Handhabbarkeit achtsamer Handlungen hinzu.* Achtsamkeit kann im Gegensatz zu anderen, alternativen Meditationstechniken schnell erlernt werden. Man muss bei der Ausübung

---

* Es gibt daneben noch die Achtsamkeit als Teil einer religiösen Meditationstechnik, die sehr viel komplizierter und aufwendiger ist und sich einem Westeuropäer schwer erschließt. Das Erlernen dieser Technik dauert Jahre.

auch nicht Stunden auf einer Matte oder in einem Kloster verbringen, vielmehr wird sie irgendwann Teil des Lebens, ohne sonderlich anzustrengen. Achtsamkeit kann man größtenteils in den Alltag integrieren.

Natürlich gibt es, wie überall, verschiedene Methoden und Ansätze, und die Trainings werden zu unterschiedlichen Preisen angeboten. Ich würde mich im Bekanntenkreis, bei Ärzten oder Psychologen erkundigen, welche Trainings in Ihrer Nähe besonders gut sind – die Mundpropaganda ist im Psycho-Business keine schlechte Entscheidungsbasis. Oder man beginnt mit Büchern und Eigentrainings. Zum Beispiel kann ich Jan Chozen Bays' Buch »Achtsam durch den Tag« empfehlen, in dem er dreiundfünfzig Übungen zur Schulung der Achtsamkeit präsentiert. Eine dieser Übungen ist, eine Zeit lang beim Essen nichts nebenher zu tun, also nicht fernzusehen, sich nicht zu unterhalten, nicht zu lesen. Stattdessen konzentriert man sich allein auf den Geschmack des Essens, auf die Farben, auf die Geräusche, die beim Essen entstehen, und erfühlt die Muskeln, die daran beteiligt sind.

Andere populäre Übungen beinhalten, auf bestimmte Farben im Alltag besonders zu achten, gewohnte Tätigkeiten wie Zähneputzen oder Saubermachen ganz bewusst auszuführen oder mit der nicht-dominanten Hand zu essen. Ich habe Achtsamkeit in mein tägliches Radfahren integriert. Ich konzentriere mich auf bestimmte Muskeln, erspüre den Wind im Gesicht und am Körper, fühle, dehne, platziere und bewege die Füße sehr bewusst. Schön ist auch die »Dankbarkeitsübung«, bei der man vor dem Schlafengehen mindestens fünf Dinge auflistet, für die man an diesem Tag dankbar ist. Die Liste kann man, wenn man will, am Ende der Woche jemandem vorlesen oder zumindest sich selbst noch einmal vergegenwärtigen.

Ich habe in Krisenzeiten auch Folgendes gemacht: Bevor ich überhaupt aufstand und mir der Kopf schon voller Sorgen und anstehender Belastungen brummte, legte ich mich auf den Rücken und öffnete meine Handflächen nach oben. Ich habe diese Haltung bereits kurz beschrieben, die in vielen Meditationsformen auftaucht – und ich denke, so würde man bei Scharadespielen Meditation karikieren. Ich bin kein Esoteriker und glaube nicht, dass einem durch diese Haltung etwas »in die Hände« fällt, aber als jemand, der über Körperpositionen und Körperausdruck promoviert hat, weiß ich, wie stark körperliche Metaphern wirken können. Diese nach oben geöffneten Hände können demnach eine sprichwörtliche Erinnerung für eine Empfänglichkeit dem Guten gegenüber sein und zu Bewusstsein bringen, dass es in dieser Welt nicht nur Not, Kummer und Schmerzen gibt, sondern auch viel Schönes und Gutes. In unserer Kultur verbinden wir Positives mit dem »Oben«. Der Himmel ist gut, die Sonne strahlt: »Alles Gute kommt von oben.« Die körperliche Pose kann somit als eine Erinnerungsbrücke zu solch stärkenden Gedanken dienen: Die Hand öffnet unser Gedächtnis für all das Gute, das man von oben empfangen kann. Manche, die solche Übungen ernsthaft durchführen, spüren tatsächlich körperlich, wie etwas Gutes durch die Handflächen in die Adern fließt. Wenn man die Möglichkeit hat und wenn einem das nicht zu aufwendig erscheint, sollte man diese Übung unter freiem Himmel praktizieren.

Wenn Ihnen diese Tür ein bisschen zu esoterisch oder creepy ist, dann lassen Sie sie geschlossen – das Buch hat ja noch viele andere Seiten, und wir sind alle für unterschiedliche Dinge empfänglich.* Nicht jede körperliche Metapher wirkt bei jedem gleich. Im Gegenteil, ich denke, ein jeder sollte sich solche aussuchen, die für ihn persönlich relevant sind. In meiner Welt geht es viel um Hände und Haltungen der Hand, bei anderen werden andere positive Ausdrucksmuster ähnliche Effekte zeitigen. In der Literatur hat man im Rahmen der Embodiment-Forschung einige Positionen mit positiven Auswirkungen entdeckt. Da wären die aufrechte Körperhaltung – Sabine Stepper konnte zum Beispiel zeigen, dass man aufrecht stehend offener für positives Feedback ist, als wenn man zusammengekauert dasitzt. Wir haben zusammen mit Ron Friedman weiterhin gezeigt, dass den Arm zu beugen (so wie man es macht, wenn man isst, jemanden umarmt oder etwas zu sich heranzieht) positive Erinnerungen weckt und sogar kreativer werden lässt. Ebenso positiv sind Nicken, betende Hände und ein lächelndes Gesicht. Es gibt auch Studien, die zeigen, dass es hilfreich sein kann,

---

* Vielleicht beschäftigen Sie sich lieber mit der Wissenschaft des motorischen Gedächtnisses oder mit Embodiment. Das Buch *Embodiment. Die Wechselwirkung von Körper und Psyche verstehen und nutzen* von Maja Storch, Bettina Cantieni, Gerald Hüther und Wolfgang Tschacher ist gut lesbar und zeigt Anwendungen für die Therapie. Es wird Kolleginnen und Kollegen auch überraschen, dass ich Embodiment mit Achtsamkeit verbinde. Dies tue ich, weil ich vermute, dass achtsame Menschen sich der körperlichen Regungen eher bewusst werden. Bei buddhistischen Mönchen konnte man solche Effekte schon nachweisen.

Ungeliebtes körperlich von sich wegzustoßen – ich meine damit nicht, dass Sie jetzt bei Ihrem Ex vorbeifahren und ihn vom Balkon werfen, nein, aber schieben Sie doch mal Fotos von ihm immer wieder von sich weg. Dies sollte Ihnen dabei helfen, ihn auch gedanklich »aus dem Leben zu schieben«. Die Erkenntnisse der Embodiment-Forschung werden zum Beispiel bei Alkoholikern eingesetzt, die am Computer sitzend Bilder von Alkoholika mit einem Joystick von sich wegdrücken sollen. Klar kann mit diesem Training allein Alkoholismus nicht bekämpft werden, doch es kann die Therapie signifikant unterstützen, wie die Forschung von Wiers und Kollegen zeigt. Seien Sie einmal achtsam: Welche Körperhaltung mögen Sie, welche gibt Ihnen Sicherheit und ein Wohlgefühl? Vielleicht werden Sie ja damit sogar einmal Kanzlerin – ich bin mir nämlich sicher, dass Frau Dr. Merkel einmal herausgefunden hat, welch sicheres Gefühl ihr die berühmte Raute gibt, die sie mit den Händen bildet. Finden Sie eine solche *Mikrobewegung oder -haltung* für sich, die Ihnen an Regentagen Schutz und Sicherheit verleiht. Mikrobewegungen sind klasse, weil sie einen in Windeseile an die eigenen Stärken erinnern können. Ich habe des Öfteren in Trainings Teilnehmer gebeten, ihren wichtigsten Wert zu definieren. Das dauert ein wenig. Manche schrieben »Familie«, manche »Freiheit«, manche »Souveränität« – es war fast alles dabei. Am Ende des Trainings durften sie sich eine kleine Bewegung überlegen, die sie an ihren jeweiligen Wert erinnern sollte und die sie überall unbemerkt ausführen konnten. Manche kniffen sich ins Knie, andere stellten einen Daumen hoch, manche beugten ihren Arm zu sich. Es ist egal, was man macht, es kann etwas Statisches sein oder eine kurze Bewegung, es soll sich nur positiv anfühlen. Hat man diese Bewegung oft ausgeführt und eingeübt, kann man versuchen, sie in brenzligen Situationen anzuwenden. Haben Sie zum Beispiel Angst vor einer Prüfung, einem Treffen, einer Verhandlung, oder fühlen Sie sich gerade schlecht, weil Sie einen Misserfolg haben, dann könnten Sie die Mikrobewegung ausführen und ihre Kraft auf sich wirken lassen. Mikrobewegungen sind deshalb auch so nützlich, weil Sie sie unbemerkt aktivieren können. Sie müssen Sie nicht wie die Merkelraute offen präsentieren, sondern können etwas so Unauffälliges für sich wählen, dass selbst Prüfer, Aufsichtsräte, Richter oder Menschen, die Ihnen Böses wollen, es nicht entdecken. Sie tanzen* ja nicht Ihren Namen vor den Leuten, und ein kurzer Kniff ins Knie oder das Aneinanderlegen zweier Finger fällt niemandem auf.

In einem meiner Seminare führten Studierende einmal ein selbst entwickeltes Training durch, in dem wir an Schlechtes denkend positive Körperhaltungen einnehmen sollten. Das fiel uns tatsächlich schwer, denn der Körper spielte uns dauernd gute Gedanken zu, die das Schlechte abschwächten oder sogar vertrieben. So ähnlich wirken vermutlich die kleinen motorischen Impulse, die durch Mikrobewegungen ausgelöst werden – sie öffnen uns für positive Gedanken.

---

* Ich habe diese Übung bei Bettina Grote am IF Weinheim gelernt. Sie ließ tatsächlich zum Schluss den Wert tanzen. Jemand, der das mag, kann solche Tänze zum Beispiel morgens im Büro aufführen, bevor der Arbeitstag beginnt, oder danach, um sich zu »entrollen«. Oder man kann tanzen, bevor man in eine brenzlige Situation geht.

Unabhängig von meiner morgendlichen Übung (die auch in der engsten Berghütte niemand bemerkt, weil sie nicht besonders ungewöhnlich aussieht), gebe ich mir das Versprechen, erst dann aufzustehen, wenn mir mindestens ein Grund eingefallen ist, warum es sich lohnt, heute aufzustehen. Das muss nicht die Hoffnung auf einen Lottogewinn oder einen Prinzen auf einem Pferd sein, ich denke da vielmehr an die schöne warme Dusche nach dem Aufstehen, das geplante Mittagessen mit einer Kollegin, einen guten Film, den ich mir abends anschauen werde, oder an frisches Brot zum Abendessen. Das Gute an dieser Übung ist, dass einem auf jeden Fall etwas einfällt und dies Raum gewinnen kann – vielleicht so viel Raum, dass für einen Moment die nervtötenden Dinge aus dem Bewusstsein verschwinden. Mit denen kann man sich ja dann beschäftigen, wenn sie anstehen.

Alles zu seiner Zeit: Das ist überhaupt eine Lehre, die ich aus diesen Achtsamkeitsbemühungen gezogen habe. Nehmen wir an, ich hätte mittags eine Gerichtsverhandlung, und nehmen wir an, ich hätte Grund zu Befürchtungen, dass etwas schiefgehen könnte. Richtig: Es kann *immer* etwas schiefgehen. Aber es kann auch *immer* gut ausgehen. Wenn ich morgens um sechs Uhr schon mit einem Stein im Magen aufwache, nutzt das keinem. Es schwächt mich, es hilft mir nicht dabei, den Termin mittags besser durchzustehen. Es ist der *Mittags*termin, der (eventuell) schlimm ist, und nicht die Zeit davor. Die Zeit davor habe ich selbst in der Hand. Für die Stimmung in dieser Zeit bin ich selbst verantwortlich. Ich kann es mir schlecht gehen lassen, ich kann mich in Hass und Wut hineinsteigern, ich kann mit der Faust auf den Tisch schlagen, weil ich diese ganze Sache so unglaublich ungerecht finde. Ich kann mir also die Stimmung gründlich vermiesen – oder mir stattdessen ein stärkendes Frühstück zubereiten, das ich dankbar und achtsam zu mir nehme. Jetzt ist jetzt, und mittags ist mittags.

Wie schon im vorherigen Kapitel am Beispiel des enterbten Klienten geschildert, hilft es manchmal (allerdings nicht jedem; das, was jetzt kommt, erfordert ein klein wenig Distanz, die nicht jeder hat, der sich gerade in einer Krise befindet), einmal wertfrei über die Gegenpartei nachzudenken. Welche guten Gründe kann sie haben, mich so anzugehen? Warum ist es so gekommen? Was macht sie so wütend? Was ist mein Job, meine Rolle in dem Spiel? Musste es vielleicht so kommen, damit ich mich wieder neu sortieren kann? Ich meine jetzt nicht, dass Sie den Kampf aufgeben, sondern dass Sie sich einmal wertfrei einer beschissenen Situation gegenüber öffnen – nur für einen Moment. Einer der cleversten Therapeuten, der amerikanische Psychologe Milton Erickson, sagte einmal, man müsse den Gegner so gut wie möglich verstehen, um ihn schlagen zu können. Eine wertfreie Haltung ermöglicht einem das Verständnis. Hilfreich könnte auch hier eine Embodiment-Technik sein, die seit Jahrhunderten bekannt ist. Wie wäre es, wenn Sie einmal *in die Fußstapfen* Ihres Gegners treten? Zugegeben, diese Metapher kommt von Königskrönungen, wo der Thronfolger in die in Stein gehauenen Fußspuren der Ahnen tritt. Der Gegner ist sicher kein geliebter Ahne, aber die Forschung zeigt, dass diese körperliche Metapher hilft, Beweggründe besser zu verstehen. Vielleicht wird es verständlicher, wenn man die guten Schauspieler des *method acting* bemüht. Meryl Streep soll sich eine Woche lang in ihrer Wohnung eingeschlossen und trainiert haben, sich wie Maggie Thatcher zu bewegen. Sie hat versucht, zu trinken wie sie, ein Buch so zu halten wie sie und das Telefon so zu bedienen wie die Eiserne Lady.

Ich nutzte das einmal, als ein Gespräch mit einem mir unerträglichen Menschen anstand. Es handelte sich nach Meinung meiner Freunde um einen richtig bösen Gesellen, der mir die Ehre abschneiden wollte. Nun neige ich nicht dazu, Menschen als böse zu begreifen, aber irgendetwas musste wohl dran sein, weil er schon in anderen Zusammenkünften geäußert hatte, dass er mich »vernichten« wolle. Ich versuchte, mir das Leben dieses aggressiven Gegenspielers vorzustellen. In seinen Fußstapfen stehend (ich schnitt mir aus Papier Fußspuren, schrieb seinen Namen darauf, stellte mich darauf und träumte mich in sein Seelenleben), gelang es mir zu verstehen, dass dieses »Monster« tatsächlich nicht böse war, vielmehr bedürftig. Er hatte, so spürte ich jedenfalls heraus, in seinem Leben zu wenig Anerkennung erfahren, vermutlich niemals Liebe erlebt. In diesen Fußstapfen stehend, blickte ich in tiefen Morast – es war die reine Hölle. Für mich stand fest: Deshalb war er gegen mich aufgebracht. Für den Moment, in dem ich »bei ihm« war, konnte ich ihn für einen Augenblick vollkommen verstehen. Auch ich habe ja schon mal Situationen erlebt, in denen man mich übervorteilt hatte oder in denen ich übersehen wurde, Situationen, in denen ich verletzt war oder in denen ich Liebe brauchte, aber keine bekam. Wenn man so etwas dauerhaft erlebt, kann man darüber ungerecht werden.

Eine solche Erklärung des Bösen (wenn man es denn so nennen will) deckt sich mit dem Befund aus der Aggressionsforschung. Aggressivem Verhalten geht meist eine Phase erlittener Gewalt voraus. Viele Gewalttäter wurden als Kinder misshandelt, das ist eine der traurigen empirischen Wahrheiten. Nach diesem Moment der Perspektivübernahme wurde mir klar, dass ich meinen Gegner wertschätzend behandeln musste, dass ich ihm das geben musste, was er brauchte: Mitleid, Wertschätzung, Respekt, statt das aufgebrachte klagende oder gar wütend aufstampfende Opfer zu sein, das ja für ihn nur einen Umweg zu seiner Anerkennung bot. Das habe ich ihm dann letztlich während des Treffens zurückgemeldet: Du und deine ganze Clique, ihr seid okay, ihr bemüht euch, ihr habt ein berechtigtes Anliegen – nur, ich habe mit eurem Frust und euren Konflikten nichts zu tun, und ich hoffe, ihr nehmt von eurem traurigen Ansinnen bald Abstand. Ich ging aus diesem Treffen wie beschwingt. Ich hatte diesem Menschen sein Problem, das er mir aufdrücken wollte, zurückgegeben. Jetzt musste er sehen, wie er damit zurechtkam. Ich aber fühlte mich frei.

Nun machen es einem manche Menschen fürwahr nicht leicht, sie wertzuschätzen. Manche Verhaltensweisen sind einfach so abscheulich, dass man sie nicht nachvollziehen kann; allerdings ist gerade in solchen Situationen, in denen das Böse einen sprachlos macht, ein achtsamer Umgang mit sich selbst und den anderen besser als ein Wühlen in Kummer und Hass. In dem Fall, in dem ein Verständnis völlig unmöglich ist, sollten Sie sich vor allem mit dem Guten, mit sich selbst beschäftigen und möglichst *für sich selbst sorgen*. Sorgen

Sie dafür, dass diese Zeit so wenig unangenehm wie möglich wird. Wenn Sie durch die Höhle des Löwen mussten, dann sollten Sie sich belohnen, egal, wie der Tag aussieht. Schon allein einen herausfordernden Tag durchgestanden zu haben ist nicht trivial. Sie haben es überlebt! Klasse. Sie werden auch den nächsten Tag gut überstehen, wenn Sie das Gute zu sich hereinlassen.

Insgesamt, so kann man beobachten, wird in der Therapie körperlichen Zuständen immer mehr Raum gegeben als dem reinen Sprechen oder Nachdenken. Wir denken, grübeln, analysieren, interpretieren, urteilen, schlussfolgern, berechnen den lieben langen Tag über – und haben längst verlernt, wie schön es ist, zu schmecken, zu riechen, zu fühlen und Feinheiten zu hören und zu ertasten. Damit lassen wir einem Großteil menschlichen Erlebens gar keine Chance mehr, obwohl gerade dieser körperliche Erfahrungsbereich uns stärken und uns wohltun kann. Nicht ohne Grund fanden in den letzten Jahren Yoga, aber auch viele gymnastische Sportarten wie Aerobic, Pilates oder Zumba, Tänze wie Salsa etc. großen Zulauf. Wir sollten so etwas nicht nur praktizieren, um Krankheiten oder Unbeweglichkeit zu *verhindern*, sondern ebenso sehr, weil wir dadurch einen wichtigen Zugang zu einem wertfreien Raum in uns erhalten, in dem wir Stärke, Selbstvertrauen und innere Balance *gewinnen* können.

Natürlich wäre es gut, Achtsamkeitstechniken schon vor dem Eintreten einer Krise zu beherrschen, aber in einer Krise selbst kann allein schon das Erlernen helfen, um »runterzukommen«. Hierzu bieten sich eher basale Achtsamkeitsübungen denn aufwendigere Meditationstechniken an, weil sie so überraschend einfach sind. Um eine zu nennen: Bei der *Rosinenübung* werden Sie gebeten, eine Rosine achtsam zu betrachten. Sie sollen sie von allen Seiten anschauen, bewusst wahrnehmen, wie faltig und glänzend sie ist, wie weich sie sich anfühlt, wie sie von der einen und der anderen Seite riecht, und sie dann ganz langsam auf die Zunge legen, sie hin und her bewegen und sie schließlich schlucken (genaue Anleitungen finden Sie im Netz). Solche Übungen mögen lächerlich klingen, vor allem in Anbetracht der Probleme, die Menschen in Krisenzeiten haben. Doch lächerlich klingt ja vieles. Deshalb mein Rat: erst ausprobieren und dann bewerten. Vielleicht haben Sie nach solchen Trainings gar keine Lust mehr, sie abzuwerten.

Wem es hilft, der kann solche Übungen auch in Gruppen durchführen. Einer meiner besten Freunde trainiert jede Woche eine neue Achtsamkeitsübung mit einer Gruppe von Leuten, die er im Internet getroffen hat, und sie tauschen ihre Erfahrungen aus. So bleiben sie außerdem bei der Stange, wenn es mal an Motivation fehlen sollte. Denn obwohl Achtsamkeit schnell erlernt werden kann, werden die Effekte umso stärker, je länger und regelmäßiger man trainiert. Insgesamt verstehe ich Achtsamkeit als eine *meditative Haltung*, die nach längerem Training unser alltägliches Leben beeinflusst, ohne dass man sie als störend empfindet oder sich erst auf sie konzentrieren muss. Gerade diese Integrierbarkeit in natürliche Abläufe wie Essen, Fahrradfahren oder Zähneputzen macht sie attraktiv.

Nun gibt es in dieser Bewegung (wie so häufig) Fundis und Realos. Die Fundis finden es nicht richtig, dass nur ein kleiner Teil aus einer ganzheitlichen buddhistischen Meditationsform herausgeschnitten wird, um Westler funktionsfähig zu machen. Sie wünschen sich eine größere Anteilnahme am religiösen Hintergrund und eine tiefere spirituelle Verbindung. Manche verbringen daher eine Zeit lang in buddhistischen Klöstern, um Achtsamkeit in ihrer Ganzheit zu erlernen. Die Realos dagegen verwerten diese Elemente unbefangen nach dem Motto: »Ich mach einfach das, was mir hilft.«

Ich überlasse Ihnen die Entscheidung. Die Bedenken der Fundis erscheinen jedoch in einem anderen Licht, wenn wir beobachten, dass vielen in Krisen ihre Religiosität und Spiritualität zu helfen scheinen. Damit stellt sich die Frage: Warum es nicht mal mit den vertrauten Religionen versuchen? Und hilft das am Ende wirklich?

6
RELIGION UND SPIRITUALITÄT – LICHT SAUGEN

Viele Menschen suchen in Krisenzeiten Kraft im Gebet. Mir ging es ebenso. Ich war damals schon aus der Kirche ausgetreten, aber als mein Vater plötzlich im Krankenhaus lag und es nicht sicher war, ob er dort lebend herauskommen würde, stahl ich mich in den Bremer Dom. Tatsächlich hatte ich mir eine Sonnenbrille aufgesetzt und versuchte den Schritt eines Touristen nachzuahmen – es sollte bloß niemand denken, dass ich mit dieser Institution etwas zu tun hätte. Dann setzte ich mich in eine dunkle Ecke und betete verstohlen. Schlich mich danach hinaus.

Bevor mein Vater den Herzinfarkt hatte, war ich selten um einen antiklerikalen Witz verlegen gewesen – es war die Zeit, in der die Missbrauchsskandale der Kirche an die Oberfläche kamen und ich mir als Naturwissenschaftler einen Namen machte. In den Hirnwissenschaften ist die Religion nichts als eine mentale Fata Morgana, sozusagen ein Zeichen dafür, wie nah »normales Leben« und Wahnsinn beieinanderliegen. Kollegen zeigten verrückte Effekte, zum Beispiel, dass religiöse Menschen in Felsformationen Gesichter erkannten, und bewerteten deren Begründungen für ihren Glauben als geradezu schizophren. Als ich dann 2007 nach Amsterdam zog, waren Gläubige nichts als Witzfiguren. Eine Kollegin meinte lapidar, dass sie Probleme hätte, jemanden einzustellen, der irgendeinem »Aberglauben« verfallen sei – als ein Kollege kirchlich heiratete, zweifelte sie an seinem Verstand. Ich überlegte mir damals manchmal, ob ich jemanden wegen seiner Überzeugungen oder Gedanken nicht einstellen würde, und kam allein auf Nazis, die ich tatsächlich offen diskriminiere. Aber Religiöse aus Universitäten verbannen? Das fand ich bemerkenswert. Dass dies nicht bloß eine Anekdote war, wurde mir klar, als niederländische seriöse Zeitungen immer mal wieder über das Für und Wider der Diskriminierung bekennender Christen in den Wissenschaften schrieben. Viele Journalisten hielten Religiosität schlichtweg für irrational und nicht passend für einen wissenschaftlichen Beruf, vergleichbar dem Glauben an Horoskope.

Auf der einen Seite ist es, zumindest aus einer nüchternen psychologischen Perspektive heraus betrachtet, kein Wunder, dass immer mehr Menschen ein Problem mit den Kirchen haben angesichts der vielen Verfehlungen, die wir über deren Würdenträger erfahren haben. Ich selbst war aus der Kirche ausgetreten, weil ich es nicht mehr ertragen konnte, wie kleinkariert in dieser Institution gedacht, wie ungerecht Kirchenmittel verteilt und wie arrogant über die Köpfe der Menschen hinweg gehandelt wurde. Gründe, auf Distanz zu gehen, gibt es genug. Wir haben von katholischen Krankenhäusern gelesen, in denen einer Vergewaltigten die »Pille danach« verweigert wurde. Wir haben Bischöfe über Aidskranke trampeln sehen, die sich protestierend vor die Kirche gelegt hatten. In den USA erschießen christliche Fanatiker Ärzte von Abtreibungskliniken, und auch andere Religionen, wie der Islam, machen sich derzeit gern unbeliebt. Auf Youtube findet man ebenso viele Hasspredigten von christlichen Priestern wie von muslimischen oder jüdischen Geistlichen. Gründe genug, dem allen den Rücken zu kehren. Wenn Ihnen so gar nichts an der Religion gelegen ist, dann überschlagen Sie lieber dieses Kapitel, denn ich will Ihnen ja keine Türen zeigen, durch die Sie sowieso niemals gehen werden.

Damals in den Niederlanden, wo ich das erste Mal offene Diskriminierung gegenüber bekennenden Christen beobachten konnte, ging mir persönlich ein Licht auf. Wenn Christen so offen lächerlich gemacht werden, fragt sich ein Psychologe natürlich sofort, warum? Neben dem »Irrationalen«, das Bestandteil jeder Religion ist, werden viele von der Kirche ausgehende Ungerechtigkeiten angeprangert. So kann es wütend machen, wenn in den Vatikanischen Museen rein goldene Schreibfedern ausgestellt werden, die sicherlich ihre zehntausend Euro wert sind. Warum kauft der Vatikan vom Erlös solcher Schätze den Leuten in den Armenvierteln kein Brot? Weitere Beispiele sind der deutsche Papst mit seinem Camauro, dem Hermelinmützchen, und natürlich der Bischof Tebartz van Elst, der im Limburger Bischofssitz in einem Badezimmer zwei Toiletten (der Optik halber?) nebeneinander installieren ließ und im Hof eine Fußbodenheizung für einen Olivenbaum. Zudem diskriminiert die Kirche beispielsweise Frauen, indem sie sie nicht predigen lässt, oder etwa Andersgläubige, die in kirchlichen Krankenhäusern nicht mal als Krankenschwester arbeiten dürfen.

Auf der anderen Seite ist die Sache nicht so einfach. Wenn ich an einer Universität schlechte Professoren vorfinde, schaffe ich ja auch nicht die Universität als Institution ab. Und wenn ein paar Metzger Hunde verwursten, werde ich deswegen nicht zum Vegetarier.

Als mir das einleuchtete, fand ich die Abwertung der Religionen höchst unangemessen. Es ist tröstend, wenn man Menschen, die gestorben sind, um sich spürt. Das ist ein Eindruck, der nicht mit krankhaften schizophrenen Anteilen erklärt werden kann, denn er wird von vielen geteilt. Ich hatte einen zwanzigjährigen Klienten, der seine fünfundzwanzigjährige Schwester durch ein Unglück verloren hatte. Wenn ich so jemanden vor mir habe (der Tod der Schwester war erst zwei Monate her, die Krise also akut), dann frage ich zuerst nach dem Glauben.

»Vorher habe ich nicht geglaubt«, sagte mir der junge Mann. »Jetzt aber schon. Sie ist ja da. Das kann ich ja nicht verleugnen. Will ich auch nicht.«

»Beten Sie?«

»Ja, manchmal. Aber vor allem rede ich mit ihr.«

»Gibt Sie Ihnen Antwort?«

»Ja. Ich soll nicht so traurig sein, sagt sie dann.«

Soll ich so jemanden belächeln? Nein. Im Gegenteil. Nüchtern psychologisch betrachtet, haben wir es hier mit einer wirksamen Selbstregulation zu tun.

»Gibt Ihnen das Beten und Sprechen Kraft?«

»Ja, unbedingt. Es ist – sie war halt auch meine beste Freundin. Sie hat mich immer verteidigt, wenn die Kinder mich gehänselt haben. Ich war mal Stotterer.«

Warum soll ich einen Klienten für verrückt erklären,

der in einer solch fürchterlichen Situation eine Ressource hat, von der ein Ungläubiger nur träumen kann?

»Gehen Sie denn mal in einen Gottesdienst?«

»Ich? Um Gottes willen.« (Lacht) »Ich meine, was soll ich denn da. Ich weiß ja gar nicht mehr, wie das alles geht, und die, die in die Kirche gehen, tun das doch nur, um auf jemanden runterzuschauen, der alles falsch macht.«

Das fasst wiederum das zusammen, was ich eben sagte: Die Sache an sich ist gut – allerdings machen manchmal die Leute, die sie betreiben, eine Herausforderung daraus.

Anstelle des Gottesdienstes fanden wir für den jungen Mann ein Trauer-Café, ein sehr schön gemachtes, kirchlich unterstütztes, und als er ein paar Monate später wieder zu mir kam, trug er zwar keinen Heiligenschein, hatte aber in der Kölner Südstadt einen Priester gefunden, der ihm gefiel. »So ein Cooler, der auch mal das Glaubensbekenntnis vergisst, aber gegen Bluthandys wettert.« Der Priester war evangelisch, aber dem katholisch erzogenen jungen Mann geriet die unterschiedliche Konfession angesichts seiner Tragödie und auf der Suche nach Halt wohl zu einer Nebensache. Für Religiöse ist es allerdings nicht verhandelbar, den Glauben in einer anderen Glaubensgemeinschaft zu leben und die eigene zu verlassen. Paulus sagte treffend, dass die Gemeinde ein Körper sei, und wenn jemand aus dieser Gemeinde austritt, ist das ein Akt von Gewalt – so, als schnitte er diesem Körper ein Bein oder einen Arm ab. In vielen Religionen haben Abtrünnige schlimmere Höllenqualen zu erwarten als Ungläubige.

Dennoch scheren sich viele Menschen nicht darum.

Gerade weil die Institutionen nicht mehr besonders attraktiv sind, »erfinden« sie ihre eigene Religion, schaffen sich einen eigenen Zugang, werden spirituell. In der *Spiritualität* suchen Menschen nach etwas Heiligem und haben ein Bewusstsein für oder gar eine Interaktion mit einem Gott, einer Göttin oder einem anderen übernatürlichen Wesen, ohne dass sie notwendigerweise einer Glaubensgemeinschaft angehören. Sie denken, dass Verstorbene »noch irgendwo sind«, und suchen nach einer Transzendenz abseits von einem irdischen Selbstfokus. Manchmal üben sie Praktiken wie Meditation oder Gebete aus, um mit nicht-irdischen Wesen zu kommunizieren. Der Begriff Spiritualität klingt damit ein wenig überfrachtet – ich nenne es *eigenen Glauben, Naturglauben* und *Kinderglauben*.

Im *eigenen Glauben* spürt ein Mensch, dass da noch etwas anderes ist als die irdische Welt, etwas, das ihm Kraft gibt. Ich habe Freundinnen, die an einen weiblichen statt an einen männlichen Gott glauben. Andere glauben an »eine übermenschliche Kraft«, wieder andere sprechen von »Energieströmen«, die einen umgeben und einem helfen. Xavier Dolan sagt in einem seiner Filme sinngemäß: »Ich glaube an etwas, ich weiß nicht, ob das Gott oder Buddha ist«, und trifft es damit: Da ist etwas da draußen, das mir hilft, das ich aber nicht erklären kann. Alle diese persönlichen Glaubensgebilde sind offensichtlich Versuche, Halt außerhalb der irdischen Welt und außerhalb der Vorstellung der gängigen Kirchen zu finden. Allen gemeinsam ist die Anerkennung einer nicht-menschlichen, göttlichen Kraft.

Als *Naturglauben* würde ich die Vorstellung bezeichnen, dass das, was wir sehen, von einem Gott erschaffen und nicht zufällig entstanden ist.* Man schaut auf den Rhein hinunter, erfährt, wie das Tal durch Erdfaltung entstanden ist, dass früher Meere dort waren. Man beobachtet die Vielfalt der Arten und wie sich alles ineinanderfügt. Es regnet, die Blumen erwachen, die Schmetterlinge ernähren sich von deren Nektar, die Vögel von den Faltern, die Bussarde von den Vögeln – und man kann sich nicht erklären, dass da kein Schöpfer am Werk gewesen sein soll. Meist kommt das Akzeptieren der Existenz anderer Dinge, Wahrheiten und Regeln als denen, die wir im Biologie-, Chemie- und Physikunterricht gelernt haben, hinzu. Der *Naturglaube* erkennt also die Grenzen unserer sachlichen, wissenschaftlichen Welt sowie unserer Erkenntnismöglichkeiten und öffnet Wege hin zu einem Universum, in dem es neben statistischen Wahrscheinlichkeiten Wunder geben kann. Ein Beispiel: Die Wahrscheinlichkeit, dass jemand durch Homöopathie und systemisches Coaching von Krebs geheilt wird, geht gegen null; trotzdem gibt es immer mal wieder Fälle, in denen genau das passiert.

Ich durfte selbst an einem solchen Wunder teilhaben: Während ich dieses Buch schrieb, traf mich die Diagnose Krebs. Ich ging zu meiner Heilpraktikerin und arbeitete mit meiner Therapeutin daran, und, ja, ich betete. Als dann operiert wurde, konnten die Ärzte es selbst nicht glauben: Wo vorher ein aggressiver Tumor gewesen war, konnten sie jetzt absolut nichts mehr

---

* Manche würden das auch *Pantheismus* nennen.

finden. Ich will ein solches Vorgehen auf keinen Fall empfehlen. Bei Steve Jobs, so haben wir gehört, hatten alternative Heilverfahren wohl verheerende Folgen. Bei mir erklärten befreundete Ärzte das »Wunder« so: Die Art Tumor, die ich hatte, sei sehr empfänglich für die Abwehrkräfte des Immunsystems, und dieses sei mithilfe der Heilpraktikerin und der Therapeutin vermutlich gestärkt worden – zudem wurde mir durch deren Maßnahmen und Vorgehen jegliche Angst genommen, was den Stress mit der Krankheit deutlich reduziert haben könnte. Das alles kann geholfen haben, ohne dass man einen Gott bemühen müsste. Auf der anderen Seite glaube ich, obwohl Naturwissenschaftler, nicht, dass wir schon alles, was zwischen Himmel und Erde geschieht, verstehen. Wer weiß, was oder wer mich da gerettet hat. Jedenfalls bin ich dankbar dafür, denn die klassische Medizin hatte in meinem Fall kaum etwas anzubieten. Viele haben einen solchen Naturglauben: Sie glauben, dass da noch »etwas anderes« ist, und nutzen Rituale und Gebete, um sich dem nahe zu fühlen, ohne einer religiösen Gemeinschaft anzugehören.

Als *Kinderglauben* bezeichne ich eine Erinnerung an religiöse Gefühle, die man als Kind erfahren hat und die im Erwachsenen weiterleben: der Gedanke an einen lieben Vater und eine Mutter im Himmel zum Beispiel, die alles besser machen, die immer für einen einstehen, zu denen man beten kann und die einen erhören. Auch dieser Glaube ist meist individuell und nicht theologisch fundiert oder an eine bestimmte Kirche oder Konfession gebunden. Im Kinderglauben wird auch das *innere Kind* gepflegt, also der kleine Junge in mir, der Angst vor dem Sterben hatte, vor Löwen, Zahnärzten und Teufeln und der manchmal inbrünstig darum gebetet hat, morgen ein Fix-und-Foxi-Heft zu bekommen.

Der Kinderglaube ist »naiv«; kein Kind versteht theologische Dogmen, und trotzdem gibt er vielen Kraft und nimmt Angst, Einsamkeit und Trauer. Wenn man seinem *inneren Kind* nahe ist, kann man auch versuchen, die Stärkequellen von damals in die jetzige Zeit zu transferieren. Kinder brauchen nicht viel. Sie beten um eine Currywurst oder darum, dass der Vater Zeit mit ihnen verbringt. In Krisenzeiten kann einen ein kindlich naives Gebet in die Kindheit zurückversetzen, und vielleicht ist es eine Idee, sich einmal wohlwollend dieser Zeit zu widmen und zu schauen, was von früher einem heute guttun könnte.

In Krisenzeiten erlaube ich mir manchmal tatsächlich eine Currywurst. Es tröstet mich, so wie es mich als Kind befriedigt hat. In solchen Handlungen steckt vielleicht der Wunsch, etwas Irrationales zu machen, sich einmal gehen zu lassen, einmal etwas zu tun, was der Erwachsene in einem missbilligen würde. Solche Freiräume tun einem gut. Dieser Idee folgend, lädt uns Julia Cameron in ihrem Buch »Der innere Künstler« zu einem wöchentlichen *Künstlertreff* ein. Der beinhaltet, dass wir für drei Stunden all das tun, was wir immer mal tun wollten. Das kann Faulenzen sein, das kann Collagenkleben sein, das kann Rehefüttern sein, ein Besuch in einem Museum oder in einem Spielzeugladen. Cameron ist eine Kreativitätstherapeutin, und ich habe aus ihrem Buch viel gelernt. Der Künstlertreff war für mich entsetzlich schwer einzuhalten.

Drei Stunden für mich! – Wer hat das schon? Allerdings überzeugte mich schließlich die Wirkung. Manchmal war es nur eine Stunde Spielerei in der Woche, die ich mir gönnte, aber selbst dann kam ich auf Ideen, die ich sonst nie gehabt hätte. Ich verrate Ihnen hier nicht, welchen kindischen Vergnügungen ich mich während dieser Auszeiten hingab (die Currywurst-mit-Pommes-Schranke war allerdings manchmal dabei), aber ich habe den Eindruck, dass sie mich neben der Aktivierung meiner Kreativität sehr nah an mich selbst führten.

Auch das Gebet kann einen zu diesem kindlichen, einfachen Kern des Selbst führen. Vielleicht ist ein »Vater, hilf mir« schon deshalb stärkend, weil es uns mit jenem kindlichen Vertrauen verbindet, dass die Hilfe tatsächlich kommen wird.

Diese kleine Auszeit, in der man seine Wünsche äußert und in der man seine Ängste und Sorgen mit einem gütigen Vater oder einer himmlischen Mutter teilt, ist vielleicht wenig erwachsen und vernünftig, aber sie bringt einen einem Teil des Selbst nahe, dem wir selten eine Chance des Ausdrucks geben.

Sakrale Räume geben einem ebenfalls die Möglichkeit, in sich zu gehen, zur Ruhe zu kommen und zu meditieren. Eine Freundin, die in einer beruflichen Krise steckte, berichtete mir, dass es ihr half, ganz früh morgens in den Kölner Dom zu gehen, dort zehn Minuten lang vor dem von Gerhard Richter entworfenen sogenannten Richter-Fenster zu sitzen und zu beten.

»Was betest du denn da?«

»Alles, was so kommt. Was ich nicht kann, meine Zweifel an mir.«

»Und was bringt das?«

»Nun, wie du weißt, habe ich immer noch keine Auftraggeber für meine Trainings gefunden. Meine Bitte wurde nicht erhört, wenn du das meinst.«

»Das wäre ja auch ein bisschen zu einfach …«

»Nee, ein Wunder ist nicht passiert. Aber immerhin setze ich mich danach hin und habe wieder neue Ideen. Ich arbeite jetzt an einem Trainingsbuch. Die Blockaden, das Dasitzen und Jammern, die sind dadurch wenigstens weg.«

Bei einer Befragung unter Studierenden gaben einige an, sie hätten Religion in Krisenzeiten schon einmal versucht und sie hätte nicht geholfen. Ich vermute, dass sie Wunder erhofften oder ihre Erwartungen zumindest unrealistisch hoch waren. Wenn wir darum bitten, eine Million im Lotto zu gewinnen, werden wir mit hoher Wahrscheinlichkeit enttäuscht werden.

»Die Blockaden sind weg? Na, wenn das kein Wunder ist.«

»Jetzt werd mal nicht zynisch!«

»Wieso? Kennst du die Geschichte? Also: Einem Rabbi wird alles weggenommen. Der Rabbi war ein guter Mensch gewesen. Er hatte gebetet, hatte viel Gutes getan, hatte sich um seine Kinder gekümmert, um seine Frau – aber plötzlich machte seine Bank Pleite, und er ging bankrott. Er betete weiter, doch kam nie mehr auf die Beine und starb schließlich in Armut. Im Himmel angekommen, nimmt er sich den lieben Gott vor: ›Wie kannst du mich denn so vernachlässigen? Ich habe gebetet und gebetet und so viel Gutes getan. Warum musstest du mir das antun? Warum konntest du mich nicht einmal, EINMAL im Leben im Lotto gewinnen lassen?‹ Antwortet der liebe Gott: ›Du hast mir keine Chance gegeben. Du hast dir ja nie einen Lottoschein gekauft.‹«

Das Beispiel zeigt, dass Beten allein nicht reicht. Wenn aber Beten dazu führt, dass wir in die Gänge kommen oder dass wir Kraft schöpfen, dann erhöht sich die Wahrscheinlichkeit, dass wir aus dem Schlamassel herauskommen. Beten kann nicht garantieren, dass die Freundin Auftraggeber findet, aber wenn sie weiter in ihren Blockaden stecken und nichts unternehmen würde, würde das ihre Chancen auf beruflichen Erfolg noch mehr verringern. Wie sagt eine der erfolgreichen Business Coaches für Unternehmenslenker in Köln, Gudrun Happich?

»Nicht gackern! Legen!«

Wunder können demnach nur durch die Kombination aus Beten *und* Ärmelhochkrempeln geschehen.

Zum Einfluss der Religion auf die Gesundheit gibt es viele Studien. Kurz zusammengefasst, sind religiöse Menschen psychisch wie körperlich gesünder als Ungläubige. Sie erbringen höhere Leistungen im Beruflichen, haben eine höhere Lebenszufriedenheit, erleben mehr Glücksmomente, haben seltener Depressionen und Angstzustände, zeigen eher gesundheitsförderliches Verhalten (rauchen und trinken weniger) und leben länger. Neuere Forschung zeigt, dass dies vor allem an ihrer erhöhten Fähigkeit zur Selbstkontrolle liegt. Selbstkontrolle ist eine wichtige menschliche Eigenschaft, sie ermöglicht es uns, viele Ziele zu erreichen. Es ist immer ein wenig Selbstkontrolle nötig, wenn man sich von einer wunderbaren Sahnetorte nur ein einziges Stück erlaubt, wenn man sich das letzte Glas

Wein am Abend verkneift oder wenn man für eine Prüfung lernt, während draußen die Sonne lacht und die Freunde am Baggersee grillen. So wie zu wenig ist auch übertriebene Selbstkontrolle nicht gut, denn Sich-einmal-gehen-Lassen ist ebenfalls wichtig. Wie auf einem Kamikazetrip durchzupauken bringt nichts, stresst und macht unzufrieden. Auf die Mischung kommt es an – wieder einmal. Religiöse Menschen scheinen gar nicht viel Mühe und Energie zu benötigen, um sich selbst zu kontrollieren. Roy Baumeister, der internationale Experte auf diesem Gebiet, nennt Selbstkontrolle einen *Muskel*, und wenn der durch ständiges Training gestärkt ist, dann kann er mit wenig Kraftaufwand erreichen, wofür Untrainierte viele Ressourcen und einen starken Willen benötigen. Religiösen Menschen scheinen subtile Erinnerungen an ihre Kraftressource auszureichen, um selbst kontrolliert zu handeln. So denken sie unmittelbar, wenn sie Tabus wie Drogen oder Sex ausgesetzt sind, an ihren Glauben, und das hilft ihnen, sich entsprechend den Regeln zu verhalten. In Experimenten von Malte Friese und Michaela Wänke wurden Versuchspersonen dazu aufgefordert, spontan zu beten. Dies allein erhöhte die Selbstkontrolle – die Teilnehmer fühlten sich unmittelbar energetisiert. Die Ausübung eines Rituals, das von alters her mit Selbstkontrolle assoziiert wird, reicht also aus, um Ressourcen aufzufrischen. Erstaunlich: In diesen Untersuchungen profitierten sogar Ungläubige von einer Gebetshaltung, was bedeuten könnte, dass die Erinnerung an diese Geste, die die meisten wohl noch aus Kindertagen kennen, ausreicht, um Kraftreserven zu aktivieren. Vermutlich ist es deshalb so, dass manche Menschen in

Krisenzeiten auf das Gebet zurückkommen, ohne sich wieder in die kirchliche Gemeinschaft zurückzubegeben.

Dabei hat eine religiöse Gemeinschaft unbestritten Vorteile. Eine Zugehörigkeit zu einer religiösen Gruppe hilft allerdings vor allem, wenn sie *intrinsisch* motiviert ist, also von innen gewollt, und nicht *extrinsisch*, also von außen erzwungen wird. Sie kann, wie Studien zeigen, als Sinn des Lebens empfunden werden, so wie soziales Miteinander an sich ja schon für viele sinngebend ist. Religiöse Gemeinschaften geben eine gute Möglichkeit, sich in Gruppen zu treffen, einander zu helfen und vor allem auch Notleidenden zur Seite zu stehen. Ich nannte bereits die Trauer-Cafés, die ohne Zweifel Großartiges leisten. Auch andere Gesprächskreise sind in Kirchen häufig schon etabliert, das heißt, man muss nicht erst eine Gruppe gründen, was man unter Umständen in der Krise sowieso nicht meistern würde, weil einem die Energie dazu fehlt. Die Seelsorge ist vielfältig; häufig wird sie zwar von Ehrenamtlichen geleitet, aber die haben meistens viel Erfahrung gesammelt. In der Telefonseelsorge zum Beispiel werden Ehrenamtliche sorgfältig geschult und bieten rund um die Uhr die Möglichkeit zum Gespräch – übrigens für jeden, egal, woran oder an wen er glaubt.

Nun werden sich manche sicherlich wundern, warum ich hier nicht auf die Gefahren hinweise. Nicht zu selten, so heißt es, zockten Sekten und Wunderheiler Menschen in Krisen ab, zögen ihnen das Geld aus der Tasche, machten sie hörig und unterzögen sie einer Gehirnwäsche oder gar Schlimmerem. Ja, das alles gibt es. Ich habe Freunde, bei denen ich mich wundere, dass sie bereit waren, Unsummen zu bezahlen, um zwei Wochen in einem indischen, katholischen oder sonst einem Kloster in einem karg ausgestatteten Zimmer zu leben und schlechtes Essen zu bekommen. Und ich habe eine Freundin, die eine schlimme Krankheit hatte und in einer Sekte ein Zuhause fand, deren Guru dafür bekannt war, dass er seine Fußnägel in Alufolie wickelte und an die Mitglieder verkaufte, versehen mit der Produktinfo, damit einen besonderen Schutz vor allen Gefahren erworben zu haben. Darüber kann man freilich lachen oder sich aufregen. Auf der anderen Seite kaufen sich Leute, religiöse wie nicht-religiöse, die verunsichert sind, häufig nutzloses Zeug. Nach den Terroranschlägen vom 11. September 2001 kauften die Amerikaner sechs Prozent mehr als üblicherweise, und manche Kollegen vermuteten, dass sie damit ihre Unsicherheit und ihre Ängste zu kompensieren versuchten. Wenn ich mir also vorstelle, jemand kauft sich ein völlig unvernünftiges Auto, um es sich gut gehen zu lassen, und ein anderer lässt sich für tausend Euro in einem Kloster einschließen, um dort nur von Reis und Wasser zu leben, und hat dabei den Eindruck, sich selbst zu sortieren und zu erfahren, dann fällt es mir schwer, beim Autokäufer klügeres Verhalten zu sehen.*

Wir schmeißen das meiste Geld zum Fenster raus, und keiner kann mir sagen, dass Marketingexperten dazu da sind, uns fair und ehrlich zu beraten. Wir werden beim Kaufen von Sportartikeln, Kaffeemaschinen,

---

* Wobei ich zugeben muss, dass mich die Fußnägel noch heute erheitern – irgendwo ist auch eine Grenze. Genauso bescheuert finde ich es, wenn jemand ein Gewehr, eine Überwachungskamera oder einen Kampfhund kauft – alles relativ.

Reisen und Kaugummis betrogen, und wenn ich darüber schreiben würde, würde niemand erwarten, dass ich vor Missbrauch ausdrücklich warne. Allerdings versteht es sich von selbst, dass Sekten wie Scientology, die offen mit Gehirnwäsche arbeiten und offensichtlich ihren Mitgliedern deren eigenen Willen nehmen, um vor allem wirtschaftliche Ziele zu verfolgen, das Handwerk gelegt werden muss. Hier, finde ich, sollte der Gesetzgeber eingreifen, das ist nicht die Aufgabe eines Psychologen.

Ein wichtiges Kriterium für die psychologische Güte einer religiösen Gemeinschaft wäre für mich, ob sie mir als Mitglied genügend Autonomie und Raum zur Selbstverwirklichung lässt und ob sie gnädig mit Übertretungen gängiger Normen umgeht. Religionen haben häufig komische Regeln, die von einem Kern verteidigt werden und schwer veränderbar erscheinen. Oft gehen Mitglieder jedoch recht flexibel damit um, brechen sogar bewusst Kirchenregeln: Welcher Katholik hält sich schon noch an die Keuschheitsgebote oder die Speisevorschriften, und welcher Protestant geht wöchentlich in die Kirche. Mir wäre es wichtig, dass so etwas nicht in prekären Strafen mündet, sondern Gnade erfährt.

Was das Geld betrifft (denn jede Religionsgemeinschaft kostet etwas): Nach der Arbeit an meinem letzten Buch, »Was das HABEN mit dem SEIN macht: Die neue Psychologie von Konsum und Verzicht«, kam es mir so vor, als wendeten die meisten von uns extrem wenig für die geistige und spirituelle Gesundheit auf. Ich kenne kaum noch jemanden, der nicht irgendeinen Sport betreibt und dafür meistens einiges investiert. Es werden teure Studios und Trainings gebucht, die Ausrüstung (Schuhe, Kleidung, Sportgerät ...) muss hochwertig sein, die Pulvernahrung vor und während des Trainings scheint mir deutlich überteuert. Kaum jemand gibt auch nur annähernd so viel Geld für die Seelenfitness aus, obwohl die Anzahl der Krankentage wegen seelischer Krankheiten, wie Depressionen, Burnout und Angststörungen, Jahr für Jahr immer krasser ansteigt und die Krankenkassen ob der Kostenexplosion die Hände über dem Kopf zusammenschlagen.

Wir müssen zur Kenntnis nehmen, dass die Mitgliedschaft in religiösen Gemeinschaften etwas kostet, womit auch ihre speziellen Services wie Trainings, Seelsorge, Mediationen bezahlt werden. Dass manche der Institutionen – das betrifft kleine wie große – dabei unglaublichen Besitz anhäufen, ist sicherlich bedenklich. Ich traue Ihnen, ehrlich gesagt, zu, dass Sie das Richtige für sich aussuchen und auf sich achten werden, und warne an dieser Stelle deshalb bewusst nicht noch einmal ausdrücklich vor Missbrauch. Und wie oben angesprochen, leben viele ihre Spiritualität sehr persönlich aus, ohne dabei überhaupt den Anschluss an eine religiöse Gruppierung oder traditionelle Abläufe zu suchen. Gerade in der letzten Zeit, so kommt es mir vor, zimmern sich viele Menschen, darunter Prominente wie Nina Hagen oder Madonna ihre persönliche Religion regelrecht zusammen. Da werden christliche Traditionen mit buddhistischen, muslimischen und kabbalistischen vermischt und an bestehende Ideologien wie Antikapitalismus, Minimalismus und Veganismus angedockt. Vermutlich befinden sich immer mehr Menschen in unserer sehr hektischen und technisierten

Welt auf der – bewussten oder unbewussten – Suche nach dem Sinn des Lebens, nach etwas, das außerhalb des Fassbaren und Irdischen liegt, nach etwas, das sie vielleicht aus ihrer Kindheit kennen und jetzt vermissen.

Wir stehen, historisch gesehen, an einer spannenden Schwelle – gerade haben wir uns aus dem Zwang befreit, glauben zu *müssen*, und fühlen uns schon wieder durch Verbote eingeengt, spirituell oder religiös handeln zu *dürfen*. Aus einem »Du musst!« ist ein »Du darfst auf keinen Fall!« geworden – ich glaube nicht, dass diese Extreme zu uns Menschen passen, die wir freiheitsliebende Wesen sind und zugleich spüren, dass das, was wir sehen, fühlen, riechen, schmecken und anfassen können, längst nicht alles ist.

Auf jeden Fall halte ich diese Tür für mich angelehnt und nutze sie inzwischen so häufig und freimütig, wie es mir beliebt.

7

SPENDEN, EHRENAMT, HELFEN – GUTES TUN

Religiöse Werte beinhalten, dass wir anderen helfen, dass wir spenden, Geld wie Zeit. Aber wir brauchen keinen religiösen Unterbau, um das zu tun, denn eigentlich, so sagen viele Kollegen, seien wir soziale Wesen, die Mitleid empfinden können und die über sich selbst hinausdenken und selbstlos handeln können.

Dieses altruistische Verhalten ist wissenschaftlich gesehen gar nicht so einfach zu verstehen. Es widerspricht der Ansicht, dass wir auf uns selbst gerichtete, egoistische Organismen sind, die zunächst einmal für sich selbst sorgen. Die Evolutionstheorie, die ja beinhaltet, dass wir im Wettbewerb mit den anderen stehen (*survival of the fittest*) hat große Probleme, prosoziales Verhalten zu erklären. Es widerspricht auch der Sicht des *homo oeconomicus*, des *naiven Wirtschaftlers* in uns, der möglichst billig produzieren und einkaufen will – um damit üblicherweise sein eigenes Wohl zu sichern.

Ich sprach es oben an: Unser Selbst ist am besten zu verstehen, wenn wir es als eine *Kombination von verschiedenen Teilen* ansehen. Wir sind mal schüchtern, und mal gehen wir aus uns heraus; wir sind manchmal sehr vernünftig und lassen uns in anderen Momenten spontan fallen. Ein Teil in uns ist sicherlich egoistisch. Wir schauen auf unser eigenes Wohl und müssen dies auch, um zu überleben. Es ist gut, sich selbst im Auge zu haben und auf sich selbst zu achten, darum geht es ja in fast allen Kapiteln des Buches: Schau auf dich, suche oder schaffe dir deine Religion, versuche herauszubekommen, was dein Sport sein könnte und wie du deine Work-Life/Family-Balance am besten hinkriegst! Verwirkliche dich selbst! Auf die anderen zu hören, sich um die anderen zu kümmern könnte von der Sorge um sich selbst ablenken.

Weil wir aber Rudeltiere sind, gibt es einen anderen Teil in uns, der entgegengesetzte Interessen verfolgt, der ohne Kosten-Nutzen-Rechnung mitfühlt, sich selbst vergisst, über sich hinauswächst, um für andere da zu sein. Gerade wurden in Orlando durch einen homophoben Einzeltäter neunundvierzig Menschen in einem Klub getötet. Ich klicke mich durch die Seiten des Internets und sehe die ersten Bilder von Trauernden, Weinenden, Verzweifelten, die vor dieser Schwulenbar stehen, während die Polizeiautos hinter ihnen mit warnenden Lichtern vorbeifahren, und ich muss spontan vor Schreck weinen. Versetze mich in die furchtbare Situation, wie es wohl sein muss, wenn man in so einer Bar ist und andere neben einem erschossen werden, Angst haben, um ihr Leben betteln. Mich erfasst das kalte Grausen. Ein paar Stunden später wird um Spenden gebeten, Blut- und Geldspenden, und in Windeseile finden sich Hunderte Menschen in den Blutspendestationen ein. Einen Tag später versammeln sich Hunderte Deutsche zu einer Trauerandacht vor dem Kölner Hauptbahnhof.

Das ist alles menschlich und nachvollziehbar, auf der anderen Seite passt es überhaupt nicht in das Bild des wirtschaftlich Denkenden, der ja Zeit und Geld besser nutzen sollte, um Gewinn zu mehren, nach dem Motto:

»Sollen doch die anderen spenden, umso besser geht es mir im Vergleich zu den blöden Gutmenschen, die ihr Geld oder ihre teure Zeit sogar Leuten geben, die sie nicht einmal kennen.« Erstaunlicherweise schieben wir diesen knauserigen Egoisten in uns manchmal beiseite und geben dem mitfühlenden Menschen Raum. Wir *geben*, statt zu *nehmen*.

Im Einzelcoaching, bei dem ich kaum Tipps gebe, sondern normalerweise die Klienten ihre eigenen Lösungen entwickeln lasse, kommt es durchaus vor, dass ich ihnen vorschlage, etwas zu spenden oder anderen zu helfen. Häufig aber entwickeln die Klienten diese Idee selbst, denn, wie gesagt, in jedem Menschen steckt sowohl der Knauser als auch der Helfer.

Einer dieser Klienten, ein Topmanager, hatte einen Riesenskandal wegen vermeintlichen Betrugs an den Hacken und wusste weder ein noch aus. Millionen waren den Bach runtergegangen, und seine Ehre wurde durch Verrisse in den Wirtschaftszeitungen starken Angriffen ausgesetzt. Er schwitzte, roch nach Alkohol und schien sich immer mehr gehen zu lassen – jedenfalls entdeckte ich jedes Mal, wenn er zu mir kam, mehr Flecken auf seiner Jacke.

»Wissen Sie, manchmal will ich einfach nur explodieren, aber dann kommt in mir ein starker Lebenswille hoch. Der ist so stark, er würde mich wahrscheinlich noch am Leben halten, wenn schon jede einzelne Zelle in mir verkrebst wäre.«

»Sie sind aber gesund. Und ehrlich gesagt – ich lasse Sie das mal jetzt wissen, weil Ihnen das vermutlich sonst niemand sagt –, Sie riechen ein wenig nach einer durchzechten Nacht.«

»Ja, kann man doch verstehen, oder?«

»Klar, das ist ja mein Job, Leute zu verstehen. Aber ist das gut?«

»Na ja, für jetzt. Meinen Sie denn, ich werde Alkoholiker?« Er schüttelt den Kopf, fühlt sich ertappt. »Sie sind aber auch direkt, Mann. Hm, sollte ich vielleicht mal drauf achtgeben.«

»Herr Schmidt, obwohl Sie so viel Stress haben, nicht schlafen können und mehr trinken, als gut ist, sind Sie relativ fit und haben einen starken Lebenswillen. Mein Kompliment. Ehrlich, das schaffen nur ganz wenige. Es sind schon einige aus dem Fenster gesprungen, die viel weniger Geld als Sie verloren. Wie machen Sie das eigentlich? Wie halten Sie das so gut durch?«

»Herr Förster, ich bin ein guter Mensch.«

»Das habe ich keine einzige Sekunde bezweifelt, Herr Schmidt.«

»Ich habe noch so viele Pläne. Ich wollte doch die Ausbildung bei uns in der Firma stärken und die jungen Leute mehr unterstützen. Es ging ja auch um dieses Projekt, Flüchtlinge bei uns zu integrieren. Das alles sieht jetzt schlecht aus. Und das Schlimmste ist ...« Er weint. »Das Schlimmste ist, dass mir jetzt niemand mehr glaubt und alle denken, ich sei ein schlechter Mensch. Ein Betrüger.«

Es war leicht zu verstehen, warum für Herrn Schmidt der Ehrverlust viel schwerer wog als der Verlust des Geldes. Seine Eltern waren einfache Fischer gewesen, die ihm nichts als ihre Ehre und ihre Würde vererben konnten. Für solche Menschen ist ein Reputationsverlust die Hölle.

»Herr Schmidt, Sie sind ein guter Mensch, und die polizeiliche Untersuchung wird dies bestätigen. Sie arbeiten in der Wirtschaft. Da muss ich Ihnen ja nicht erzählen, dass ›Jeder gegen jeden‹ gilt. Und da bieten Sie mit Ihrem Erfolg und Ihrer Integrität eine Angriffsfläche. Es gibt böse Menschen, Herr Schmidt, aber die können Ihnen Ihre Ehre nicht nehmen. Sie haben viel gegeben, jungen Flüchtlingen eine Perspektive geschaffen, Sie können das auch weiterhin tun, vielleicht im Kleinen.«

Plötzlich wird er aktiv. Aus dem Häufchen Elend wird unversehens ein pfeilgerade zehn Jahre jünger wirkender Mann. Seine Augen weiten sich, leuchten.

»Wissen Sie was? Ich bin hier im Moment gerade nutzlos. Bis zum Gerichtstermin bin ich eh kaltgestellt. Ich fahre jetzt zu meiner Mutter an die See, die braucht mich sowieso, weil das Haus repariert werden muss. Die haben da auch gerade Ärger mit einem Flüchtlingsheim, es hat sogar schon einen Anschlag gegeben. Da fahre ich hin und helfe. So mache ich mich wenigstens nützlich.«

Herr Schmidt hat das tatsächlich wahr gemacht. Er fuhr zu seiner Mutter, machte sich am Haus nützlich und widmete sich nebenbei der Arbeit mit Flüchtlingen. Als wir uns nach einer Weile wiedersahen – das Gerichtsverfahren war nicht gut ausgegangen, sein Ruf war beschädigt, und er hatte kaum noch Geld – sah er gut aus.

»Ich hatte so einen Spaß mit den Leuten da. Ich konnte so viel verändern. Ich komme ja von da und kenne die ganzen Knallköppe und wie die Angst haben vor den Flüchtlingen. Ich glaube, den ein oder anderen habe ich überzeugen können. Ein paar von den syrischen Jungs haben wir sogar in Firmen untergebracht, mit denen ich geredet habe. Jetzt muss ich nur noch schauen, wie ich wieder zu Geld komme.«

»Welche Talente haben Ihnen denn früher dabei geholfen, viel Geld zu machen?«

»Hm, Disziplin, Fleiß, ich bin auch nicht dumm, Integrität ...«

»Na, diese Talente haben Sie ja nicht verloren, wieso sollten Sie es also nicht wieder schaffen?«

Er schaute mit feuchten Augen aus dem Fenster, nickte, zwinkerte mir zu. Nickte erneut.

Herr Schmidt hat also durch Helfen wieder zu sich gefunden. Er hat damit seine Angreifer Lügen gestraft. Kürzlich, ein Jahr nach dem Urteil, kamen Beweise auf, dass er doch nichts mit dem Betrug zu tun gehabt hatte. Das verschaffte ihm keinen Job in einer der Firmen, die früher für ihn infrage gekommen wären – so ungerecht geht es manchmal zu –, aber eine so exponierte Position wollte er ohnehin nicht mehr. Er hatte inzwischen ein Beratungsbüro eröffnet und sich auf die Integration von Flüchtlingen in Betrieben spezialisiert. Er arbeitete viel, verdiente zwar längst nicht so viel wie früher, aber genug. Er war glücklich – was man ihm auf Anhieb ansah – und sagte das auch jedem. Er hatte aus der Krise eine Herausforderung gemacht und eine Tür gefunden, durch die er beschwingt gehen konnte. Für manche war er ein Loser (Himmel, ist der runtergekommen! Früher hatte er drei Häuser, und jetzt lebt er in Köln-Mühlheim!) und für manche ein Sieger (Hast du Herrn Schmidt gesehen, wie der strahlt!). Manchmal muss man sich aus dem Supermarkt der Bewertungen, die Mitmenschen über einen abgeben, einfach diejenigen heraussuchen, die einem am besten schmecken. Vor Kurzem traf ich Herrn Schmidt zufällig am Rhein, und wir unterhielten uns. Als ich ihn fragte, was ihm die Meinungen der Leute aus seinem früheren Leben wert seien, sagte er nur: »Ach, wissen Sie, da höre ich nicht mehr hin, ich weiß doch, dass die abends vor Angst und Stress weinend vor ihrer Rotweinflasche sitzen. Und außerdem habe ich genug andere Dinge zu tun.«

Okay, das war Herr Schmidt, der einen lehren mag: »Geben ist besser als Nehmen.« Nun weiß ich aber aus meiner Beschäftigung mit dem Haben und dem Sein, dass auch das Gegenteil, das lustvolle Shoppen, stimmungsaufhellend sein kann. Ich hatte eine Klientin, die starke Selbstwertprobleme hatte. Sie fühlte sich zu dick, zu hässlich, zu klein und zu dumm, und sie konnte sich abgrundtief hassen in den Phasen, in denen sie es sich einmal so richtig schlecht gehen lassen wollte. Ich fand sie attraktiv, aber das half nicht:

»Sie sind ja auch schwul.« Wir lachten.

»Schwule Designer ziehen Frauen aber gern gut an.«

»Na, was würden Sie mir denn raten?« Sie schaute ein wenig an sich hinunter, erwartete wohl ein Kompliment für ihr Outfit. Jetzt musste ich hart sein. Und ehrlich bleiben.

»Ich würde Ihnen etwas anderes raten als diesen Plastikstretch mit Tigermuster.«

»Ach ja, der Herr Psychologe. Von dem, was Sie verdienen, können Sie sicherlich morgens Ihr Gesicht mit russischem Kaviar einreiben. Ich aber kann mir das nicht leisten, als Sekretärin.«

»Chefsekretärin.«

»Ja, ja.«

»Mit viertausendvierhundert netto. Das verdient kein Professor, meine Liebe.«

»Also, gehen wir zusammen einkaufen?«

»Das können wir machen. Hilft Ihnen das? Hat Ihnen das schon einmal geholfen?«

»Irgendwie nicht. Ich denke dann immer daran, was man mit dem Geld sonst so alles machen könnte.«

»Also haben Sie schöne Kleider?«

»Jetzt aber mal halblang, ist denn der Tiger wirklich so schrecklich?«

»Ja.«

»Hm.«

»– – –«

»Herrje, ich habe daheim so ein tolles Kleid im Schrank, Armani, in Schwarz. Aber das schone ich.«

»Warum?«

»Gute Frage.«

»Was würde mehr helfen: Ein ähnliches Kleid kaufen oder das Geld für einen guten Zweck spenden?«

»Hm. Wissen Sie was? Ich finde, ich sollte öfter meine Sonntagskleider tragen.«

»Fühlen Sie sich darin wohler?«

»Ja. Ich weiß auch, dass das hier nicht so gut sitzt.«

»Sie sind eine tolle Frau.«

»Sie sind bescheuert.«

»Also halten wir mal fest: Es bringt nichts, wenn Sie sich etwas Neues kaufen. Sie haben gute Klamotten, und warum Sie nicht die anziehen, sondern diese Dinger hier aus Putzkittelstoff, das verstehen sowieso nur Sie selbst.«

»Zu Hause durften wir halt nicht gut aussehen. Die guten Kleider waren für den Sonntag. Und da gingen wir nicht feiern, sondern in die Kirche.«

»Was für eine Verschwendung!«

Plötzlich lacht sie laut drauflos. »Und irgendwie ist das heute noch so: Da ziehe ich die tollen Klamotten nur in die Oper an. Da, wo man keinen einzigen heterosexuellen Mann aufreißen kann.«

Wir lachen beide.

»Verschwendung.«

»Herr Förster, ich habe gerade einen ganz anderen Gedanken.«

»Na, dann schießen Sie mal los.«

»Ich merke gerade, wie gut es mir geht. Ich sollte dankbar sein. Ich verdiene gut, und, na ja, so schlecht sehe ich doch nun auch wieder nicht aus.«

»Stimmt.«

»Verdienen Professoren wirklich weniger als ich?«

»Ja. Die würde ich Ihnen nicht als Partner empfehlen. Die kaufen Ihnen dann das Tigerzeugs.«

»Irgendwie habe ich Lust, jetzt mal was zu spenden.«

»Sind Sie religiös?«

»Ach woher denn. Religiös erzogen, ja, aber die Kirche kriegt von mir schon mal nichts.«

»Und wer soll das Geld dann bekommen? Der World Wildlife Fund zur Rettung der Tiger?«

»Ha, ha. Gute Frage ...«

»Na, das ist doch ein schönes Projekt. Hausaufgabe: Sie erkundigen sich nach seriösen Spendenorganisationen. Sie müssen aber nicht spenden. Sie können sich auch als Sicherheit für schlechte Zeiten ein zweites Armani-Kleid kaufen. Es liegt alles bei Ihnen.«

»Doch, das mache ich. Ich meine: spenden. Ich freue mich drauf. Habe ich Sie eigentlich als Schwulen beleidigt? Sind Sie da empfindlich?«

»Nö. Ich habe noch nicht einmal wirklich etwas gegen das Tigerzeugs. Wenn Sie es nicht angesprochen hätten, wäre mir Ihr Aussehen gar nicht so schnell aufgefallen. Nur, *wenn* Sie mich darauf ansprechen, dann wird es ein Thema. Sie haben das Thema selbst aufgebracht. Sie haben mich was gefragt und eine Antwort gekriegt. Und dann haben Sie, so scheint's, ein anderes Thema vorgeschlagen: Spenden.«

Jahrzehntelang dachte man in der Psychologie, dass Menschen gern ihre Siebensachen zusammenhalten. Man kam gar nicht auf die Idee, dass Spenden positive Effekte haben könnte – jedenfalls erhielt die Forschung, die solches andeutete, wenig Aufmerksamkeit. In den Siebzigerjahren entwickelte sich ein Trend, Menschen vor allem als Egoisten zu betrachten, die noch dazu schwer zu bändigende, aggressive Instinkte hatten und deren Urteile lächerlich fehlerhaft und vorurteilsbehaftet waren. Der einzige Nobelpreisträger unserer Zunft, Daniel Kahneman, gewann weltweiten Ruhm, weil er zeigte, wie leicht wir zu verführen, wie simpel wir gebaut sind und wie einfältig wir handeln.

In den späten Neunzigerjahren regte sich dann eine Bewegung, die das Gegenteil beweisen wollte. Sie gab sich das Etikett »Positive Psychologie« und nahm sich vor, vor allem das Gute im Menschen zu erforschen und zu schauen, wann Menschen erfolgreich sind, wie sie ihre Ziele fair erreichen und letztendlich glücklich werden. Auf dieser neuen Welle entstanden neue Ideen, wie zum Beispiel, das Spenden näher zu untersuchen.

In einer mittlerweile berühmten Studie teilten die Psychologin Elizabeth Dunn und ihre Kollegen Boni, also Sonderzahlungen, an Angestellte aus. Der Hälfte der Probanden wurde nahegelegt, den Bonus an wohltätige Vereine zu spenden, während die andere Hälfte motiviert wurde, sich davon selbst etwas zu gönnen. Bei denjenigen Versuchsteilnehmern, die das Geld gespendet hatten, stieg die Stimmung deutlich, während bei denen, die den Bonus für sich selbst verwendet hatten, schwächere Glücksgefühle zu beobachten waren. Es scheint also tatsächlich manchmal besser zu sein abzugeben, als zu behalten. Lara Aknin und ein größeres internationales Autorenteam konnten diese stimmungsverbessernden Effekte des Abgebens in 136 Ländern nachweisen. Dabei profitierten Probanden in armen Ländern in gleicher Stärke wie solche in reichen. Wenn die Versuchsteilnehmer für Kinder in einem Krankenhaus einkauften, ging es ihnen besser, als wenn sie für sich selbst einkauften, und dies traf für reiche Kanadier genauso zu wie für arme Südafrikaner.

Nun könnte man denken, okay, vielleicht spenden Menschen ja, weil sie insgeheim hoffen, dass ihnen dafür irgendwann einmal etwas zurückgegeben wird. Es könnte auch sein, dass Menschen spenden, weil sie auf ein Lob hoffen oder ein Dankeschön, denn schließlich leben wir ja in Gesellschaften, die prosoziales Verhalten durchaus wertschätzen und belohnen.

Das Besondere an der Aknin-Studie war jedoch, dass die Probanden keinen Kontakt zu den Kindern erwarten konnten. Sie gaben ihre Einkaufstaschen vielmehr im Labor ab, ohne ein Kinderlächeln in Empfang nehmen zu können. Wir brauchen also nicht immer ein

Dankeschön, um zu helfen, und die Wissenschaft rätselt immer noch über den Grund für solche Uneigennützigkeit. Interessanterweise unterschätzen auch Versuchsteilnehmer den positiven Effekt von Spenden. Werden sie nämlich gefragt, ob Spenden glücklicher macht als Behalten, denken sie eher, dass Spenden wehtut – und das, obwohl es genau andersherum ist, wenn man sie erst einmal beim Spenden beobachtet!

Vermutlich ist das Ganze sehr einfach: Wir sind nicht nur Menschen, sondern auch menschlich; wir sind in der Lage, Mitleid zu empfinden und zu geben, und dieses Menschlichsein fühlt sich einfach gut an. Ein Mehrwert, den das Helfen für uns haben könnte, ist, dass es uns einen Sinn gibt. Die Forschung zeigt, dass wir vor allem durch Handlungen Sinn erfahren, die in irgendeiner Weise mit *Transzendenz* zu tun haben, und damit ist nichts anderes gemeint, als über sich selbst hinaus zu wirken, das heißt, etwas zu tun, das über das eigene Wohlergehen hinausgeht.

Es gibt im Gegensatz zu diesen Befunden natürlich genügend Studien, die zeigen, dass Menschen häufig *nicht* helfen, weil sie befürchten, sich selbst zu schädigen oder etwas zu verlieren. Vielleicht ist das ein großer Teil unseres Selbst. Wenn jemand für sich selbst sorgt, ist das gut, und es kann zu einem evolutionären Vorteil werden. Als ich die Jacobs University verlassen wollte, weil ich ein viel besseres Angebot der Universität von Amsterdam erhalten hatte, plagten mich starke Zweifel. Ich hatte die Gründungsphase miterlebt, hatte unglaublich viel Energie investiert, um eine der ersten Privatuniversitäten auf deutschem Boden mit aufzubauen, und ich hatte gute Zeiten mit ihr erlebt. Hatte

Kontakte zur Presse knüpfen können, war an den Herausforderungen gewachsen. Mich plagte mein Gewissen, die Universität, die sich zudem gerade in einer schwierigen Lage befand, zu verlassen. Auf einer Konferenz schüttete ich einer Kollegin mein Herz aus. Sie hörte zu und sagte dann: »Jens, wenn jeder geradeaus fährt und dabei allein nach vorn schaut, dann gibt es auch keine Unfälle.« Das erleichterte mir die Entscheidung. Egal, wie egoistisch das erscheinen mochte – ich musste meinen Weg gehen. Genauso wichtig ist es aber auch, Zielstrebigkeit und Selbstfürsorge hier und da einmal hintanzustellen. Manchmal ist es gut, nach rechts und links zu schauen. Dann gilt die Kant'sche Devise, dass man doch bitte das tun sollte, was man sich selbst vom anderen wünscht. Wenn man blutend im Graben liegt, wünscht man sich, dass jemand einen heraushalt und ins Krankenhaus fährt, und wenn man einmal klamm ist, wünscht man sich, dass jemand einem etwas pumpt. Ein bisschen Perspektivenübernahme, und schon ist Helfen überhaupt kein Problem mehr. Man macht es einfach.

Nun kann es durchaus sein, dass Sie in einer Krise sind, *weil* Sie so viel geholfen haben. Ich komme gerade von einer Tagung des Instituts für Familientherapie in Weinheim zurück, bei der es um *Flucht, Trauma und Resilienz* ging. Offensichtlich brannte das Thema vielen unter den Nägeln – mit über vierhundert Teilnehmern hatte niemand gerechnet. Ich sollte die Tagung als Redakteur des systemischen Fachblatts *systhema* zusammenfassen und hatte mich darauf eingestellt, dass vor allem die Traumata der Flüchtlinge zur Sprache kämen. Kamen sie auch, aber einen großen Platz nahmen die

Probleme der Helfer ein. Manche berichteten von Erschöpfungszuständen und Frustration, weil für sie überhaupt nichts getan werde. Sie arbeiteten und halfen, gaben und schenkten und hatten das Gefühl, die Regierung, die Städte und Kommunen hemmten sie, anstatt sie zu unterstützen. Neben fehlenden Finanzen und einer ineffektiven Organisationsstruktur wurde das Problem der mangelnden Professionalisierung der Helfenden herausgearbeitet. Die Kunst der Distanzierung ist in diesen Berufen wichtig, denn so gut Helfen sein kann, so bodenlos ist doch die Not und so endlos die Schlange der Wartenden. Hat man einem geholfen, steht da schon der Nächste an, der Hilfe braucht. Außerdem sind die schlimmen Geschichten, die die Geflüchteten erzählen, häufig nicht zu ertragen. Der Traumaexperte Alexander Korittko stellte deshalb klar, dass Traumata, auch aus diesem Grund, in die Hände von Fachleuten gehören und nicht in die von Ehrenamtlichen oder wenig ausgebildeten Fachkräften. Einem kleinen Jungen zuzuhören, der von der Ermordung seiner ganzen Familie berichtet, geht nicht spurlos an einem vorüber. Daher gilt: Helfen ist gut, aber vor allem dann, wenn man sich die richtige Aufgabe sucht. Eine, die man bewältigen kann, eine, die einem selbst Raum zum Leben lässt, eine, die einen herausfordert, jedoch nicht überfordert.

Das Flüchtlingsproblem kann man nicht auf dem Rücken guter Menschen austragen, und man kann es nicht ohne finanzielle Zuwendungen, ohne Professionalisierung und ohne Organisation bewältigen. Wer mit ausgebrannten Helfenden operiert, schadet sowohl ihnen als auch den Flüchtlingen. Jedenfalls ist meine

Erfahrung aus dem Coaching – und auch das ist ja Helfen –, dass man nicht nützlich ist, wenn man selbst auf dem Zahnfleisch geht. Ein Helfer, der nicht für sich sorgt, kann nicht helfen. Ein Helfer, der die Balance findet zwischen Geben und Nehmen, zwischen Ruhen und Handeln und zwischen gesundem Egoismus und Altruismus, der scheint mir auf dem rechten Weg zu sein.

Insgesamt aber scheint mir Helfen und Spenden eine Tür zu sein, die viele in Krisenzeiten nicht sehen. Wenn man sowieso schon in einer Krise steckt und einem alles zu viel ist, kann man natürlich nicht aufwendig Suppe für andere kochen, aber man kann dem Bettler vor dem Supermarkt wenigstens den Einkaufswagen-Euro in den Becher werfen. Oder ein wenig mehr in den Klingelbeutel tun. Oder ein Los von einer Wohltätigkeitsorganisation kaufen. Das öffnet den Blick darauf, dass es anderen noch schlechter geht, und darauf, dass wir noch in der Lage sind, diese Welt ein winzig kleines bisschen besser zu machen – sogar jetzt, wo es uns selbst schlecht geht.

8
WELLNESS FÜR KÖRPER UND SEELE – SICH ETWAS GÖNNEN

Die Sportpsychologie rät Leistungssportlern, mehr Pausen einzulegen. Und was glauben Sie, machen Sportler tatsächlich, wenn sie in einem Wettkampf versagt haben? Die meisten denken, sie müssten noch mehr trainieren. Leistungssteigerung durch Erhöhung des Einsatzes ist keine schlechte Idee. Natürlich ist es so, dass manche nicht gut genug sind, weil sie *zu wenig* trainieren. Als Student der Musikhochschule konnte ich beobachten, dass diejenigen Pianisten, die mit mir morgens um acht Uhr schon am Klavier saßen, besser waren als die, die um vier Uhr morgens betrunken nach Hause kamen. Und als ich einen Fan des BVB fragte, wie der Erfolg des Vereins unter Jürgen Klopp zu erklären sei, sagte er lapidar: »Das lag an der Fitness. Der Kloppo hat die fetten Jungs einfach mehr trainieren lassen.« Vielleicht ist Letzteres ja eine Fanlegende, sie taugt trotzdem als schönes Beispiel für den Grundsatz: »Von nichts kommt nichts.« Nun ist es aber so, dass wir auch klare Limits haben. Manchmal geht einfach nichts mehr. Dann klappen wir buchstäblich zusammen, merken, dass unser Magen oder unser Herz immer häufiger reagiert, oder es wird uns vor dem Computer schwarz vor Augen, oder wir sehen Sternchen.

Wenn wir so ein Limit erkennen, sollten wir es ernst

nehmen. Tatsächlich gehen viele über ihre Grenzen. Manche scheinen sie gar nicht zu spüren und fallen irgendwann einfach tot um, ob mit Herzinfarkt, Schlaganfall oder Magendurchbruch. Wenn Sie sich also manchmal erschöpft fühlen, wenn irgendetwas in Ihnen, der Magen, der Darm, der Rücken, Ihre Erschöpfung oder Lustlosigkeit sagt: »Das halte ich jetzt nicht mehr aus«, oder wenn Sie tagelang nicht mehr geschlafen haben und grübeln, ohne eine Lösung zu finden – dann sollten Sie Ihrem Körper zunächst einmal dankbar sein, dass er Ihnen eine Warnkarte zeigt. Und Sie sollten sich dann eine Pause gönnen, bevor es noch schlimmer kommt.

Sportpsychologen empfehlen nach Niederlagen mehr *Pausen* statt mehr *Training*. Wir wissen ja, wie sehr wir beim Sport an unsere Grenzen kommen – bei Erschöpfung oder Misserfolg immer noch eine Schaufel draufzulegen, das scheint nicht nur nichts zu bringen, sondern ist nach Meinung der Experten sogar riskant. Es führt zu Verletzungen, Übersäuerung, Krämpfen, noch mehr Frustrationen. Diesen Grundsatz, der einem bei einem Körper schnell klar wird, haben Motivationspsychologen auf den Geist übertragen. Auch da beobachtet man, dass Studierende nach schlechten Examen oftmals schlichtweg ihr Lernpensum erhöhen: »Einfach zwei Stunden mehr lernen, und schon geht's wieder bergauf« ist die Devise. Aber auch beim Lernen, so stellen Beobachter fest, führt ein ständiges Steigern des Arbeitspensums zu Überforderung, Erschöpfung, Unlust und letztlich zu schlechteren Leistungen. Weiterhin zeigen Studien, dass nicht nur Studierende diese Fehler begehen. So wird in qualifizierten Berufen häufig die Mittagspause ausgelassen. Den Kaffee ziehen wir an der Maschine und stellen ihn neben unser Keyboard. Schlürfen ihn nebenbei, wenn gerade die Handgelenke schmerzen.* Auch dies mindert die Leistung, anstatt sie zu steigern. Die Untersuchungen zeigen außerdem, dass Sportler wie Schreibtischtäter die Länge der Pausen unterschätzen. Ein Körper braucht je nach Anstrengung manchmal mehr als einen Tag Pause, um Höchstleistungen zu erzielen. Dem Geist ergeht es ebenso. Er braucht Ruhe genauso wie Zerstreuung. Es bringt also nichts, gegen seine Müdigkeit oder Lustlosigkeit anzukämpfen – das führt sogar zum Gegenteil.

Erholung und Auszeit können aus Schlafen, Seele-baumeln-Lassen, Chillen bestehen. Vermutlich sind deshalb Saunen so beliebt, denn sie bieten dafür einen Raum. Saunen sind ein abgeschlossener Bereich, der vollkommen unprofitabel erscheint – es kann sogar sein, dass Saunieren, medizinisch gesehen, vollkommen nutzlos für den Körper ist.** Aber diese Abgeschiedenheit, diese körperliche Herausforderung, die mit nichts zu tun hat, was man sonst im wirklichen Leben kennt, ja, diese total entrückte Lebensferne ist vermutlich genau das, was wir manchmal brauchen. Um uns herum nichts als eine Holzhütte, schwitzende Menschen, mit denen wir nicht reden müssen, die nackt alle irgendwie gleich aussehen und nicht zeigen können, was für ein wichtiger Chefarzt sie sind, und die wie Kinder schrei-

---

* Richtig, das ist auch alles andere als achtsam. Wer schmeckt da noch den Kaffee? Wer freut sich da über die Sätze, die gerade entstehen? Multitasking macht alles so multi-belanglos.

** Jedenfalls habe ich nicht viele Studien gefunden, die zeigen, dass man dadurch tatsächlich das Immunsystem steigert …

en, wenn sie ins Eiswasser gehen. Da erleben wir keine Konkurrenz, keinen Wettkampf, hängen unseren Gedanken nach, sind ganz Körper.

Schwimmen, am Strand spazieren gehen und faulenzen sind ebenso sinnlose Vergnügen, die uns glücklich werden lassen. Ein spießiger Erwachsener würde jetzt aufzählen, wie gut sie auch für den Körper sind – wegen der Sonne, die die Bildung von Vitamin D anregt, wegen des Wassers für den Rücken, des Sandes für die Hornhaut –, weil er sich solche kindlichen Genüsse schönreden muss. Warum können wir – oder zumindest viele von uns – sie nicht einfach nur schön finden? Oder uns wenigstens eingestehen, dass wir das manchmal brauchen? Geben wir es doch zu: Wir sind nicht Superman oder Superwoman. Wir kommen nahe dran, haben die Herrschaft über alle Spezies übernommen, bauen Pyramiden und fliegen zum Mond, aber unsere Muskeln und unseren Geist können wir nicht endlos ausnutzen.

In Krisenzeiten geht eh alles drunter und drüber. Unser Hirn arbeitet andauernd, unsere Muskeln sind angespannt, unser gesamtes Immunsystem ist ständig in Aktion. Da gilt es, sich etwas Gutes zu tun. Ob Sport, Wandern oder Meditieren – wie bereits beschrieben: Alles gut und richtig. Aber in diesem Kapitel möchte ich mal die Lanze für Tätigkeiten und Erlebnisse brechen, die nicht besonders im Trend liegen und intellektuell wenig anspruchsvoll sind. Ich will Ihnen hier die Tür zu (auf den ersten Blick) völlig unproduktiven und unrentablen Aktivitäten öffnen. Zu Aktivitäten, bei denen ein Arbeitswütiger die Krise kriegt. Zu ausgiebigem Pausieren, Schlafen, Faulenzen. Das ist manchmal nicht so einfach, weil unsere Arbeitswelten nicht mehr im Lot sind und sich eine protestantische Arbeitsethik durchgesetzt hat. Im Protestantismus, vor allem aber im Calvinismus, kursierte die Idee, dass man durch Arbeit dem Paradies ein Stück näher kommen könne, und diese Idee hat sich in unserer modernen Welt, in der die Religionen ansonsten an Bedeutung verloren haben, gehalten. In unserer Leistungsgesellschaft sind Pausen tabu und werden häufig abgeschafft. Ich habe längere Zeit in Gegenden gelebt, in denen die protestantische Arbeitsethik traditionell stark verankert ist – in New York und in Amsterdam. In New York, wo ich als Post-Doc arbeitete, gab es zum Beispiel den *brown bag*. Dabei stellten namhafte Kollegen ihre Forschung vor, während die Zuhörer ihre Sandwiches, typischerweise in braune Papiertüten gepackt, verzehrten. Man schlug also zwei Fliegen mit einer Klappe: essen und arbeiten. Das fand ich vertretbar, denn schließlich geschah es nur einmal die Woche.

An den anderen Tagen ging ich mit Nira Liberman, einer Kollegin, mit der ich mich damals anfreundete, essen. Wir verbrachten eine obszön lange Zeit in den umliegenden Cafés, wo wir zwar auch oft über die Arbeit redeten, aber nicht ausschließlich. Wir unterhielten uns ebenso über die Taubenplage, neue europäische Filme, die Metropolitan Opera und russische Schriftsteller. Schaue ich heute auf meine damalige Produktivität, so kann ich sagen, dass diese ausufernden Mittagszeiten keinesfalls geschadet haben. Um die dreißig internationale wissenschaftliche Artikel habe ich bisher mit Nira veröffentlicht, und das vermutlich wegen und nicht trotz der Pausen. Forschung zeigt, dass in oder nach entspannten Phasen die Kreativität steigt. Wie bereits beschrieben, entstehen viele geniale Ideen unter der Dusche, beim Spazierengehen oder unter einem Apfelbaum. Zudem schufen Nira und ich durch die intensiven Gespräche eine tragbare Freundschaft, die inzwischen zwanzig Jahre lang anhält. Man könnte sogar professionell von gutem *Networking durch Pausen* sprechen.

In Amsterdam dann erlebte ich eine Karikatur von Arbeitsbesessenheit, die mich dermaßen stresste, dass ich nach sieben Jahren Hamsterrad erst einmal für Monate krank war. Nicht nur, dass man dort sein Mittagessen am Computer aß, nein, man würgte es mit besonderer Geschwindigkeit in sich hinein (Trinkjoghurt war besonders beliebt). Nur keine Zeit verlieren für den nächsten Artikel – der Kollege neben dir schläft nicht! Gespräche oder Diskussionen mit Kollegen und Telefonkonferenzen fanden um zehn Uhr abends statt, also nach Dienstschluss. Das fand man nicht nur cool, sondern es gehörte angeblich zum Job. In einer solchen Arbeitsumgebung begegnen einem selten gut gelaunte Menschen. Ich arbeitete, schaffte auch einiges, aber es machte keinen Spaß. Irgendwann zog ich die Reißleine, bewarb mich in Deutschland.

Holland ist um die Ecke, geben wir es zu, dass wir unseren Nachbarn nicht unähnlich sind. Viele von uns können nicht mehr richtig pausieren und faulenzen – das sei doch nur ein Hindernis auf dem Weg zur Selbstverwirklichung! Wer so denkt, kommt häufig nicht weiter.

»Herr Professor, ich komme überhaupt nicht aus den Puschen. Ich habe echt Prokrastination.«

Die Studentin vor mir ist eine junge, intelligente Frau, die in meiner Klausur eine 2,3 geschrieben hat. Man muss wissen, dass eine Bachelornote schlechter als 1,7 dazu führt, dass man für den Master den Studienplatz wechseln muss. Für die Studentin eine wahnsinnige Belastung, finanziell wie beziehungstechnisch, weil ihr Freund ebenfalls in Bochum lebt. Eine 2,3 ist für viele meiner Studierenden eine Katastrophe, weil sie schwerwiegende Konsequenzen hat.

»Ich sitze manchmal einfach so da, starre auf das Buch, und Stunden vergehen, und ich nehme überhaupt nichts auf. Dann, irgendwann nachts, so um zehn, geht wieder was, und dann mache ich durch bis zwei und bin am anderen Tag wie gerädert.«

»Warum arbeiten Sie dann nicht nur von zweiundzwanzig Uhr bis zwei Uhr morgens und machen den Rest des Tages was Schönes?«

»Bei DEM Pensum? Das meinen Sie jetzt nicht ernst.«

»Aber Sie sagten doch gerade, dass Sie tagsüber eh nur auf das Buch starren. Das hat das schöne Buch aber auch nicht verdient.« Sie rollt die Augen. »Ich meine, optimal nutzen Sie Ihre Zeit dann ja nicht gerade.«

»Wie kommt es denn, dass ich nur so eine kurze Aufmerksamkeitsspanne habe? Ist das normal? Höchstens sechs Stunden – damit schaffe ich den ganzen Stoff nie im Leben.«

Das war übrigens eine Studentin, die ein Einser-Abitur geschafft hatte – Psychologie ist ein Numerus-clausus-Fach. Ein Talent, könnte man sagen. Das jetzt weint.

»Mehr als sechs Stunden höchste Konzentration für

einen Stoff – das würde ich für unnormal halten. Sechs Stunden sollten reichen. Wir können ja mal zusammen überlegen, wie man diese Lernzeit effizienter planen kann. Aber Pausen und Erholungen gehören dazu. Was machen Sie denn gern zur Entspannung?«

»Hab' ja alles aufgegeben. Früher habe ich Sport gemacht. Damit fange ich aber jetzt nicht wieder an, das ist mir zu frustrierend. Ich mache nichts.«

»Nichts?«

»Okay, ich schaue Serien.«

»Welche denn?«

»›Walking Dead‹, ›Game of Thrones‹, ›Two and a Half Man‹. Damit verplempere ich meine Zeit. Übrigens klicke ich mich auch manchmal da rein, wenn mein Gesicht vor diesen Büchern einfriert.«

»Dann klicken Sie schnell auf ...?«

»*Walking Dead* am liebsten. Alles Zombies. Wie im wirklichen Leben.« Sie lacht. »Jetzt habe ich ausgerechnet Ihnen erzählt, was für 'n Trash ich schaue! Wie peinlich!«

»Wissen Sie was? Der Herr Dozent gibt Ihnen jetzt mal die Erlaubnis, sich unter dem eigenen Niveau zu vergnügen.«

Wie clever so ein Körper doch manchmal ist. Er holt sich das, was der Mensch braucht. In diesem Fall hieß das: Ich kann nicht mehr, also klicken wir doch mal eine Serie an. Das hat vermutlich Schlimmeres verhindert. Und: Schämen müssen wir uns nicht für Entspannung – egal, wie niveaulos sie ist. Es gibt nur wenige, die sich beim Ritt der Walküre entspannen können. Ich übrigens auch nicht, obwohl ich Oper studiert habe. Für mich ist das kognitive Arbeit und emotional Erregung – was ich gut finde, aber Wellness bedeutet für mich etwas anderes. Bedeutet in der Badewanne liegen, saunieren, schwimmen, rumgammeln, Popmusik hören, banale Zeitschriften durchblättern, durch die Fernsehprogramme zappen, Gameboy spielen, Kreuzworträtsel lösen – die ganze Palette wenig aufwühlender, verlangsamter Faulenzerei ist vermutlich länger.

Manche Journalisten waren im Frühling dieses Jahres irritiert, als bekannt wurde, dass in Deutschland keine Buntstifte mehr zu kaufen waren. Irgendwer hatte uns gestressten Menschen vorgeschlagen, Malbücher auszumalen, und die Idee war so erfolgreich, dass gefühlt an jede zweite Zeitschrift im Handel schwarz-weiße Ausmalvorlagen getackert waren, die man, so wie früher im Kindergarten, bunt ausmalen sollte. Ich denke, über so etwas kann man sich lustig machen, wenn es einem gut geht und Kapazitäten für Leistungen auf höchstem Niveau zur Verfügung stehen. Oder wenn man nicht weiß, was Entspannung bedeutet. Tatsächlich ist das Ausmalen aber sicherlich stimmungsaufhellend – es hält einen in Aktion, auf einem niedrigen Konzentrationslevel, man sieht, wie eine Schwarz-Weiß-Zeichnung durch eigene Kraft zu buntem Leben erweckt wird, man lächelt.

Da sind wir wieder beim *inneren Kind*, bei der Erinnerung an zu Hause, bei der Wärme, die einem in Krisenzeiten guttun kann. Auch wenn es sich dabei nur um eine Sehnsucht handelt, so wärmt sie doch. Dieses Gefühl der Wärme kann durch Aktivitäten aus der Kindheit hervorgerufen werden, indem man eine Brause trinkt, die es damals gab, Rollschuh fährt, eine Schnitzeljagd veranstaltet, in den Zoo geht oder indem man das Computerspiel wieder spielt, das man als Kind so geliebt hat. Ja, Sie haben richtig gelesen: Während sich Kollegen gern darüber ereifern, wie uns Computerspiele verdummen und versklaven, gebe ich Ihnen an dieser Stelle gern ein fachliches Okay. Wenn es Ihnen guttut, dann hängen Sie sich an die Konsole und erfahren Glücksmomente durch das Retten von Drachen oder das Anhäufen von Perlenstaub. Oder Sie jagen – wie viele gerade – Pokémons. Ich kannte diese Comicfiguren nicht und konnte den Hype nicht nachvollziehen, bis es in meinem Labor plötzlich zu freudigen Kreischanfällen kam. Die Mitarbeiter hatten dort ein Pokémon gefangen. Auf Nachfragen meinten die Zwanzigjährigen, dass sie Pokémons an ihre Kindheit erinnerten und dass sie gerade jetzt in der Klausurenzeit, in der sie Tag und Nacht durchlernen müssten, ein bisschen Spaß nötig hätten. Ich würde so etwas als gute Selbstregulation bezeichnen. Es geht bei der Entspannung darum, Bremsen wie »Das darfst du nicht« und »Das ist doch unter meinem Niveau« zeitweise außer Kraft zu setzen – Sie werden schon nicht verblöden, wenn Sie der Welt von Zeit zu Zeit auf kindliche Art und Weise entfliehen, um aufzutanken. Ich muss das, was Sie zu Ihrer Entspannung tun, nicht interessant finden, und es muss auch niemand anderes gut finden. Solange es Ihre Stimmung auch nur für Momente aufhellt, macht mich das als Psychologen nicht unfroh. Welche Tätigkeiten gehören für Sie dazu?

Für mich gehört – neben all dem oben erwähnten – Essen zur Wellness. Wenn eine Currywurst das ist, was ich gerade brauche, um mich zu entspannen, dann gönne ich mir eine. Soulfood. Chips, Gummibärchen,

Schokolade. Unterm Niveau. Doch wenn es hilft – warum nicht? Allerdings kann das nicht die tägliche Ernährung sein, denn dieses Zeug mag die Seele kurz streicheln, führt aber längerfristig zu Mangelerscheinungen, unschönen Fettpolstern, die nicht immer, aber manchmal gesundheitlich bedenklich werden können. Solches Essen macht auf Dauer zudem träge und lustlos, weil es keine Energie spendet.

Gestatten Sie mir daher, Ihnen an dieser Stelle »gutes«, das heißt wenig belastendes Essen und hochwertige Nahrungsmittel nahezulegen. Ihr Körper, Ihre Gesundheit sind das Wichtigste, das Sie haben, und der Koch Alfons Schuhbeck hat es einmal auf den Punkt gebracht: »Für das Auto fahren die Leute kilometerweit, weil sie ein bestimmtes Öl haben wollen, aber ihren eigenen Körper füllen sie mit dem billigsten Öl ab.« Schuhbeck weiß, wie wichtig gute Öle sind. In einem Löffel Leinsamenöl, Hanföl oder auch Olivenöl stecken vielfältige Spurenelemente, die dem Körper und dem Geist all das geben, was er braucht. Öl ist natürlich nur ein Beispiel, aufgrund seiner Angebotspalette und stark variierender Preise allerdings ein sehr prägnantes. Superfood, das anfangs kaum erschwinglich war, ist inzwischen Massenware geworden. Chia, Goji, Murenga, Spirulina, Chlorella, Hanfsamen, gelbe Leinsaat, Maca, Acai – die Palette ist riesig. Was sinnvoll ist, muss jeder für sich selbst herausfinden, denn nicht alles, was angepriesen wird, muss bei jedem den gewünschten Effekt haben. Meine anfängliche Begeisterung für Superfood (ich aß jeden Morgen Chia, Goji, gelbe Leinsaat und eine Handvoll frischer Kräuter) legte sich irgendwann, weil vor allem Chia bei mir eine solch durchschlagende Wirkung hatte, dass ich zwar abnahm, aber das Gefühl hatte, alles, auch die guten Stoffe, würde ausgespült, bevor es überhaupt wirken konnte.* Jeder Körper braucht zudem andere Lebensmittel. Nach einigem Studium im Bücherwald hatte ich den Eindruck, ich bräuchte allem voran Vitamine (die Kräuter waren also gut) und gute Fette (also Öle und vor allem Walnüsse), und lernte, dass meine sehr ausgewogene Ernährung dem entsprach, was die Experten raten. Ich esse viel Salat, gutes Brot, trinke viel grünen Tee und Wasser, koche sehr abwechslungsreich und habe so viel Spaß am Essen, dass bei mir der Geldbeutel im Bioladen immer locker sitzt. Das muss nicht jedem gefallen, und manche sparen sich das Geld lieber für anderes auf. Allerdings habe ich gute Erfahrungen gemacht, wenn ich das Augenmerk krisengeschüttelter Klienten auf die Ernährung richtete und diese anfingen, für sich selbst zu kochen, mehr auf Qualität zu achten und mal Superfood zu probieren.

Interessant finde ich auch Richtungen in der Medizin, die Krankheiten mithilfe neuer Ernährungsmethoden angehen. Die ketogene Diät, eine sehr fettreiche

---

* Kritiker bemängeln den Vermarktungshype von Superfoods und verweisen auf nachhaltigere, heimische Produkte wie Leinsamen, Hanf, Öle und Walnüsse. Als Psychologe kann ich es nur begrüßen, wenn eine Vermarktung für gute Produkte funktioniert (und was wird denn, bitte, nicht vermarktet?). »Superfoods« ist doch ein toller Begriff, und wenn irgendwann die deutsche Walnuss dazugehören darf, umso besser. Zudem kann man sich leicht einen Einfluss von self fulfilling prophecies vorstellen: Wenn etwas »super« für mich sein soll, dann fühle ich mich auch besser. Während Mediziner das als Placebo bezeichnen würden, sage ich: »Immer noch besser als Medikamente.«

Ernährung, ist bei multipler Sklerose und Epilepsien im Gespräch. Bei Rheuma können offenbar Fischöl, das Meiden schlechter Fette und Fastenkuren helfen, und ich selbst habe Allergien einmal behandelt, indem ich ein halbes Jahr keine Milchprodukte aß. Oftmals ersetzen solche Methoden keine medizinische Behandlung, und viele im Netz umherschwirrende Ideen zum Thema sind fragwürdig, jedoch gibt es immer mehr wissenschaftliche Forschungsergebnisse, die die Wirksamkeit von Diäten bei Krankheiten stützen. Bei psychischen Problemen wie Depressionen scheinen Vitamine und Spurenelemente sowie vor allem sekundäre Pflanzenstoffe, Omega-3-Fettsäuren und L-Carnitin lindernd zu wirken. Als ich begann, mich stärker damit zu beschäftigen, fand ich heraus, was ich nicht essen sollte, bevor ich schlafen gehe. Milchprodukte und zu viel Rohkost arbeiten bei mir nachts zu lange. Auch der Verzicht auf Kohlenhydrate abends ist gut für mich und führte zudem zu einem erstaunlichen Gewichtsverlust, ohne dass ich hungern musste. Kartoffeln, Reis und Nudeln werden durch Sellerie-, Kürbis- oder Erbsenpüree ersetzt, und ehrlich gesagt, schmeckte mir das, was ich vorher gar nicht gekannt hatte, richtig gut.

An dieser Stelle kann ich nur dazu einladen, es sich körperlich gut gehen zu lassen und eine gute Balance zu finden zwischen Currywurst und Superalgenpulver. Oder psychologisch ausgedrückt: Ab und zu sollte das innere Kind zu seinem Recht kommen, und manchmal sollten wir es liebevoll bei der Hand nehmen und mit ihm zusammen an der eigenen Stärke arbeiten. Kinder experimentieren ja sehr gern – vielleicht probieren Sie einfach mal neue Rezepte und modeln sie so lange um, bis sie sowohl dem Kind als auch dem Erwachsenen in Ihnen schmecken?

Essen ist besonders schön, wenn man es zusammen mit anderen genießen kann. Auch hier sind manche Leute sehr geizig mit sich selbst – vor allem die Deutschen geben sehr wenig für Essen und Essengehen aus. Da ist es vielleicht hilfreich zu wissen, dass gerade solche Geldausgaben langfristig glücklicher machen, als wenn man sich von dem Geld Pullover, Möbel oder Autozubehör kauft. An solche *Erlebnisgüter*, für die man zahlt, ohne sie aufheben zu können, erinnert man sich noch lange, während materielle Güter über die Zeit hinweg meist an Wert verlieren. Von Erlebnissen hat man also psychologisch gesprochen länger etwas. Es kann sein, dass es der Materialismus ist, der Geizkragen in uns, der uns beim Essen einschränkt. Allerdings drückt die Wahl für schlechtes Essen auch eine Undankbarkeit dem Leben gegenüber aus – warum ist uns unser Körper weniger wert als unser Auto?

Insgesamt sollte dieses Kapitel die Einladung dazu sein, Ihre Batterie mit nutzlosen, niveaulosen Tätigkeiten aufzuladen und sich etwas zu gönnen. Es war von kleinen und von größeren Auszeiten die Rede, die Sie sich sowohl in Krisenzeiten als auch sonst gönnen sollten. Um den Faden sportpsychologischer Forschung hier am Ende wieder aufzunehmen: Fangen Sie nach den Pausen behutsam wieder an. Man kennt das aus dem Sport, wenn man normalerweise viel trainiert und dann einmal längere Zeit aussetzt: Das erste Mal danach geht alles wie geschmiert, und man denkt, man habe Riesenkräfte. Das aber kann ins Auge gehen. Muskelkater und Krämpfe sind noch das kleinere Übel, denn der Übermut kann auch zu Verletzungen führen. Für geistige Auszeiten gilt dasselbe: Beginnen Sie danach langsam. Ich taste mich am ersten Arbeitstag nach dem Urlaub geruhsam zurück ins Arbeitsleben. Vereinbare Termine, die mir Spaß machen, arbeite gemächlich E-Mails ab und gehe mit Kollegen essen. Hastige Panikmache (O Mann, wie beantworte ich denn viertausend E-Mails?) bringt keine Qualität und macht die Erholung im Nu zunichte. Machen Sie es anders als die anderen. Es sieht zwar hochprofessionell aus, wenn man mit rotem Kopf und einem Energy-Drink an den Lippen durch die Flure rauscht, aber eigentlich bringt das nichts und ist zudem outdated – so jedenfalls die Forschung.

In Krisenzeiten – aber nicht nur dann – gilt: Sorgen Sie für sich, essen Sie gut, möglichst gemeinsam mit anderen, und scheren Sie sich nicht darum, was die anderen dazu sagen, wenn Sie mal Ihr inneres Kind ausleben. Krisen werden auch den anderen nicht erspart bleiben, und dann werden sie ganz anders reden.

9
HOBBYS UND LERNEN – HORIZONTE ERWEITERN

Es gibt Krisen oder Phasen in einer Krise, in denen wir so aus der Puste sind, dass wir überhaupt nicht mehr an Arbeit denken können – und manchmal nicht einmal mehr Energie für ein Hobby übrig haben. Dem ist dann einfach so, und in solch einem Fall sollten Sie sich Ruhe gönnen. Körper und Geist scheinen sie zu brauchen. In anderen Krisen beziehungsweise Phasen haben wir einen erhöhten Erregungszustand, sind ängstlich, unruhig, können nicht still sitzen und wissen gar nicht wohin mit unserer Nervosität. In diesem Fall, oder wenn Sie einfach mal probieren möchten, ob Ihnen Aktion statt Ruhe weiterhilft, können Sie nach Tätigkeiten suchen, die Ihnen guttun. Vielleicht kommt Ihnen ja eine neue Aktivität in den Sinn, etwas, das Sie schon immer mal ausprobieren wollten. Oder etwas, das Sie früher einmal gemacht haben und wiederentdeckt werden möchte. Das kann etwas (eher) Sinnfreies sein, wie im vorherigen Kapitel beschrieben, oder etwas mit »Nebeneffekt«: Man lernt etwas dazu, oder man kann das, was dabei herauskommt, verwenden, verschenken oder sonst wie verwerten.

So hat meine Freundin Klara mit dem Stricken wieder angefangen, als es ihr schlecht ging. Sie hatte nach einer heftigen Trennung von ihrem Partner lange geweint und war zunächst zu nichts fähig gewesen. Dann wurde sie immer wütender, lief wie angeschossen durch die Wohnung, zitterte vor Verachtung und Selbsthass: »Wie konnte ich auf so ein Arschloch reinfallen?« Sie redete und redete, rauchte eine Zigarette nach der anderen, während die Schimpfwörter nur so aus ihr heraussprudelten. Ich wollte mir manchmal am liebsten meine Ohren zuhalten, um all das Negative, was da in die Atmosphäre katapultiert wurde, abzuwehren. Ich spürte auch Angst bei Klara – ebenfalls eine sehr aktive Emotion, die einen nicht zur Ruhe kommen lässt, die einen umtreibt, den Schlaf stört. Sie hatte Angst, dass ihr »so ein Scheißdreck« immer wieder passieren und dass ihr Traum von einer Familie niemals wahr werden würde.

Nach einer dieser Tiraden kamen wir zufällig an einem Wollgeschäft vorbei und lachten uns tot, dass es so etwas überhaupt noch gab. Ich erinnerte sie daran, wie wir in den frühen Neunzigerjahren an der Uni Trier das Strickzeug hatten klappern lassen – und wie genervt die Dozenten waren.

Klara: »Das Geilste war, als Frau Scherrer aus der klinischen Psychologie uns mitteilte: Kinder, Ihr dürft ja stricken. Nur, bitte keine Muster, wo man zählen muss. Dann kriegt Ihr doch überhaupt nicht mit, was ich hier erzähle!« Wir gaben einander eine Anekdote nach der anderen zum Besten, ließen unsere damaligen Kreationen vor unseren inneren Augen wiedererstehen, kicherten und wagten dann einen Blick in den Laden – Klara, um zu lästern, ich, weil ich sie schon lange nicht mehr so lustig erlebt hatte. Und waren ganz überrascht, dass der Laden voller junger hipper Leute war. Stricken – etwa wieder im Trend? Im vorderen Teil des Ladens wurde nicht nur Wolle verkauft, sondern auch

Häkeln und Stricken beigebracht, und im hinteren Teil standen Nähmaschinen, platziert für Abendkurse. Erstaunt stellten wir fest, dass das irgendwie in unsere Zeit passte – mit all ihrem Stress, dem Druck, dem Chaos aus Beziehungskämpfen, mit Burn-outs, Terroranschlägen und anderen globalen Katastrophen in der Welt. Stricken hat etwas Entspannendes, hat etwas von behaglichem Wohnzimmer, von Höhle, und man ist gleichzeitig in Aktion. Man schafft etwas Produktives, ohne viel Aufmerksamkeit oder Konzentration aufwenden zu müssen. Gleich einem Trancezustand. Wir kauften uns ein paar Knäuel Wolle und fingen schnell Feuer. Unsere alten Fähigkeiten kamen zurück, wir entdeckten auf Youtube alle möglichen Strickvideos, in denen uns Strickerinnen mit russischem Akzent und abgeplatztem Nagellack erklärten, wie man Muuuschelmuuuster und Müüützen mit Booomell strickt. Das war urkomisch, irgendwie aber auch geil, und wir fühlten uns wohl dabei. Die neuen Stricker waren alles andere als Übriggebliebene unserer damaligen Strickkultur oder Nachäffer. Sie hatten ihre eigenen Themen und strickten vor allem Mützen, Schals und Kuscheltiere, Baby- und Teddy-Klamotten. Dinge, die man eher verschenkt, als sie zu behalten. Vielleicht machte ihnen das Stricken deshalb so großen Spaß: Sie machten nicht nur sich selbst damit glücklich.

Eine kleine Geschichte: Einer meiner Freunde ist ein fantastischer Familienberater. Nach fünfzehn Jahren kündigte er seine Stelle und musste eine fünfundzwanzigjährige Klientin zurücklassen, die er liebevoll betreut hatte, sodass von ihrer angeblichen »geistigen Behinderung« kaum noch etwas zu bemerken war.

Zum Abschied, der tränenreich war, schenkte sie ihm einen Schal. Der fing türkis an, glatt rechts gestrickt, wurde dann weiß und mündete in einem knallroten, sich gleich einem Faltenrock wellenden Geschwür. Mein Freund war unglaublich gerührt und zeigte ihn jedem seiner Freunde – so sehr freute ihn dieses Geschenk. Das rote Garn war viel zu dick, dachte mein Expertenhirn und konnte es sich gerade noch verkneifen, dies zu verlautbaren und meinem Freund damit die Freude zu trüben. Expertenmeinungen sind manchmal kalt und ungerecht, weil sie auf vorgefertigten und unflexiblen Kriterien basieren – wobei wichtige Qualitäten häufig übersehen werden. Die Klientin hatte ihren Schmerz in diesen Schal gestrickt, und mein Freund konnte dies so würdigen, dass er ihn vermutlich noch mit ins Altersheim nehmen wird – obwohl er seinen Hals auch dort vermutlich erst dann mit dieser verrückt-normalen Liebesgabe wärmen wird, wenn er in seliger Demenz aller Ängste ledig ist. Was sind wir doch manchmal so beschissen normal und verbieten uns in diesem Zustand, einfach normal glücklich zu sein! Die »geistig Behinderte« kommt mir manchmal in den Sinn, wenn ich mein Therapiebuch mit Supermarkt-Tierbabystickern vollklebe und bemale. Sie würde mit mir lächeln und nicht darüber lachen, vermute ich.

Nun haben Sie vermutlich nicht alle gestrickt – ehrlich gesagt, habe ich gerade dieses Hobby gewählt, weil es irgendwie »verrückt-normal« ist. Gibt es bei Ihnen etwas, das Sie schon lange nicht mehr gemacht haben? Das »verrückt-normal« ist? Haben Sie früher Marmeladen eingekocht, im Garten gearbeitet, Flugzeuge zusammengeklebt, Plätzchen oder Brot gebacken, Schränke gezimmert, knifflige Rätsel gelöst oder irgendetwas anderes gemacht, was Ihnen Spaß gemacht hat, ohne dass es eindeutig verwertbar war und Sie in neuen Stress gebracht hätte?

Im Gespräch mit Studierenden merke ich häufig: Wir sind zu ehrgeizig. So ging es mir mit dem Stricken. Ich hatte nämlich mit achtzehn einen *Brigitte*-Strickwettbewerb gewonnen, und wieder in diese Liga zu kommen war eine Verführung – wenn ich mich sehr, sehr anstrengen würde, könnte ich sicherlich das niedlichste Stofftier der Welt hinkriegen und es dann auf Facebook posten. Wenn einen so etwas juckt, sollte man aufpassen, ob man das ausgerechnet jetzt, in einer Krise, wirklich will. Hat man so viel Energie? Und so viel Frustrationstoleranz? Der Weg zum »cutest stuffed animal ever award« wird Schweiß und Tränen kosten, keine Frage. Viele niedliche Stofftiere würde ich aufribbeln müssen, nur, weil sie nicht ultra-niedlich wären, und ich müsste viel Hirnschmalz zum Kochen bringen, um darin den Meisterentwurf zu garen. Wenn Sie Lust dazu haben: Nur zu! Aber ich vermute mal, dass Sie etwas anderes brauchen als eine große Herausforderung oder selbst produzierten Frust. Wie am Beispiel Sport weiter oben gezeigt, kann es stressig werden, wenn man zu viel von sich fordert – vielleicht hört man im übertragenen Sinne einfach mal auf, »Fußball zu spielen«, und probiert, wie es sich anfühlt, lustvoll »rumzubolzen«? Einfach nur Spaß zu haben?

Spaß haben *und* etwas dazulernen, ist eine weitere Option, und um die Erweiterung Ihrer Möglichkeiten geht es mir ja vornehmlich in diesem Buch. Wenn Sie etwas – oder sogar zu viel – Energie übrig haben, blättern Sie einmal die dicken Programme der Volkshochschulen durch, oder googeln Sie sich durch die allerdings deutlich teureren Kurse der Weiterbildungsinstitute. Vielleicht ist es ja an der Zeit, Französisch zu lernen? Oder tischlern oder töpfern? Oder vielleicht wollen Sie mal etwas anderes Normal-Verrücktes machen: Drachen fliegen, Gehörlosensprache lernen, Mantras singen, Insektenhotels bauen, Roboter entwerfen? In einer meiner Krisen, die vor allem angstbesetzt war und mich daher nicht ruhen ließ, absolvierte ich eine Synchronsprecherausbildung. Ich hatte nicht viel Lust auf Googeln, schaute mir die Privatinstitute für Medien an, weil »irgendwas mit Medien« wollte ich schon immer mal machen, und als ich auf die Synchronsprecherausbildung stieß, dachte ich: Super, ich lerne was, stehe nicht in erster Reihe und bin in Bewegung.

Jede Woche schwang ich mich auf mein Rad, fuhr nach Köln-Mühlheim, lernte professionell zu sprechen und meine Lippen synchron zu amerikanischen Filmstarlippen oder Comicfiguren zu bewegen. Wie das Stricken hatte das Ganze ein mittleres Anforderungsniveau, das heißt, ich konnte es schaffen, wenn ich mich damit auseinandersetzte, ein wenig übte und regelmäßig zum Unterricht erschien. So wurde ich für ein paar Stunden Humphrey Bogart, das Faultier aus »Ice Age«, ein durchgeknallter Professor aus »Futurama« oder versuchte mich als Leo DiCaprio in »Titanic«. Je öfter ich übte, desto besser wurde das Resultat. Es machte mir Spaß, oft, jedoch nicht immer: Wie es nun einmal bei solchen Aufgaben ist, blieben mir frustrierende Erlebnisse nicht erspart. Lernen bedeutet auch zeitweilige Frustration – ich kenne kein Gegenbeispiel zu dieser Aussage, und daher ist Lernen in Krisen nur bedingt nutzbar. Im Fall des Synchronsprechens war das Problem die Tontechnik, die man ebenfalls erlernen musste, das heißt, ich musste mit Mikrofonie und einer speziellen Software umgehen, die gern abstürzte und mich zum Fluchen brachte. Allerdings hatte ich in diesen Lernphasen keine Angst mehr. Die belastenden Momente, in diesem Fall waren es ätzende Kollegen, lösten sich in dem Moment in Luft auf, in dem ich »Schau mir in die Augen, Kleines« ins Mikrofon hauchte.

Es gab viel zu lachen, natürlich. Aber es war vor allem ein Faktor, der mich zog: Ich hatte ein Ziel und kam durch Lernen diesem Ziel immer näher. Irgendwann konnte ich so sprechen, dass man dem Film die Synchronisation nicht mehr ansah.* Ich machte Fortschritte und fühlte mich wertvoll. Ich hatte etwas geschafft, was diejenigen, die mir gerade Probleme machten, niemals schaffen würden. Welcher Kollege kann schon synchronsprechen? Ich fand es auch gut, dass diese kleinkarierten Leute das vermutlich saublöd finden würden. Fabelhaft. Das alles stellte mich einen Moment lang über sie, ließ sie vor meinen Augen spießig erscheinen, steigerte mein Selbstbewusstsein und machte mir klar, was eigentlich wichtig im Leben ist: nämlich das zu tun, was man gern macht, und andere in Ruhe zu lassen.

Diese Ausbildung hätte ich sogar beruflich verwerten können – zwar wird man mit Synchronsprechen

---

* Das bildete ich mir jedenfalls ein – und das war gut, denn wie oft bilden wir uns ein, dass wir nichts wert sind …

oder dem Sprechen von Hörspielen, was ich ebenfalls erlernte, normalerweise nicht gerade reich, aber auch dieses Genre kennt Superstars. Rufus Beck geht sicherlich nicht mit zwei Cent pro Satz nach Hause. Dieser Ehrgeiz packte mich allerdings nicht. Es war wie beim Stricken: Ich wollte einfach mal etwas machen, was mir Spaß machte und was nicht ganz sinnlos war. Und es half mir tatsächlich aus der Krise.

Psychologisch gesehen hatte ich meine Erregung, meine Angst und meine Sorgen in ein gutes Fahrwasser gelenkt, ich hatte sie für etwas Gutes genutzt und mich dadurch wenigstens zeitweise in eine gute Stimmung versetzt. Zwischenzeitlich wurden meine Angstträume sogar durch positive Fantasien ersetzt, in denen ich vom Produzenten von »Ice Age« »entdeckt« wurde und die Kinder scharenweise in die Filme liefen, nur um mich zu hören.

Positive Fantasien sind nicht unbedingt handlungsleitend oder gar Erfolgsgaranten, das heißt, jemand, der sich in eine bessere Welt spinnt, wird nicht unbedingt dort landen, wie Ihnen mancher Kollege aus der »Think positive«-Ecke vorgaukeln würde. Doch möchte ich an dieser Stelle einmal die psychologisch wirksamen Effekte solcher Tagträumereien hervorheben. Erstens sind die logischen Alternativen zu *positiven* Fantasien *negative* Fantasien oder die Sorgen, die einen in Krisenzeiten zermürben, und die kann ich noch weniger empfehlen als unrealistische Wunschträume. Schlechte Stimmung haben Sie sowieso – da sollte jeder Anlass zum Wegträumen willkommen sein. Zweitens hätte es so mancher wirkliche Superstar nicht geschafft, wenn er nicht irgendwann einmal in seiner Vergangenheit diese verrückten Wunschfantasien gehabt hätte. Als Kind haben wir so etwas häufig. Da sehen wir uns schon bei der Fußballweltmeisterschaft kicken oder in Wimbledon Boris Becker schlagen. Da singen wir höher als Whitney Houston oder spielen in der Sesamstraße mit. Als Erwachsene können wir diese Fantasien nutzen, solange wir sie als Träume verstehen. Ich schiebe manchmal solche Traumgebilde über meine Sorgen – nachts, wenn ich zu sehr ins Grübeln komme. Wenn ich dann einen meiner Peiniger in Gedanken meuchle, was mich eher beunruhigt als entspannt, dann stelle ich mir einfach vor, ich gewönne einen Traumurlaub, sänge an der Met oder eröffnete ein Sternerestaurant. Nichts ist peinlich, wenn es einem hilft, gut zu schlafen und danach einen guten Job zu machen.

Die Sozialpsychologin Gabriele Öttingen hat die negativen Seiten solcher grandiosen Träume in ihrer Forschung immer wieder aufgezeigt: Wenn man wirklich davon überzeugt ist, dass man der größte Sänger der Welt sein wird, es tatsächlich versucht und dann scheitert, kann das natürlich unendlich schmerzen. Positive Fantasien verleiten dazu, sich zu überschätzen, Hindernisse auf dem Weg zur Zielerreichung zu ignorieren. Wenn man ein berühmter Sänger werden möchte, sollte man tunlichst prüfen lassen, ob man denn wirklich singen kann und ob die Stimme für eine Weltkarriere reicht. Wenn ich Profifußballer werden möchte, sollte ich mich erkundigen, welche Fallstricke es dabei gibt und ob ich die körperlichen Voraussetzungen dazu habe. Tut man dies nicht, investiert man viel zu viel Zeit in ein hoffnungsloses Unterfangen. Frustration vorprogrammiert. Ich respektiere diese Forschung und halte mich an folgende Regeln, wenn ich einem neuen Ziel nachjage:

1) Plane Hindernisse mit ein.

2) Denk an einen Plan B.

3) Mach dir nicht so viel daraus, wenn du das hochfliegende Ziel nicht erreichst – du hast auf dem Weg dahin sicher viel gelernt.

Allerdings nutze ich Wunschfantasien in Krisensituationen ganz anders, nämlich zur Stimmungsverbesserung, und ich betrachte sie auch nicht als realistische Pläne, sondern eben als schöne *Fantasien*. Vielleicht kann ich das, weil ich schon etwas älter bin. Mit Anfang fünfzig hat man bestimmte Ziele in seinem Leben schlichtweg nicht erreicht, vor allem, wenn man so viele hatte wie ich. Aber man lebt damit. Man lebt damit ganz gut. Man erkennt, dass man nicht alles haben muss, was man schön findet. Ich habe unter anderem Operngesang studiert und habe das sehr genossen. Ich wollte damals hoch hinaus, aber fand mich selbst letztendlich nicht gut genug. Darum hörte ich auf damit. Ich bereue jedoch nicht mehr, dass es nicht geklappt hat, und kann es heute sogar genießen, dass andere es viel besser können als ich und mich mit ihrem Gesang zum Träumen bringen. Heute weiß ich eher, was ich wirklich erreichen kann und was ein Traum bleiben wird. Die Unterscheidung ist wichtig, um nicht enttäuscht zu werden.

Kurzum: Positive Fantasien sollten als solche erkannt werden – als Wunschträume, die nicht wahr werden; trotzdem haben wir die Möglichkeit, sie für uns zu nutzen. In Krisenzeiten kann man ruhig anfangen, etwas Verrücktes zu tun, und sich in rosa Träume hineinspinnen. Natürlich fallen Sie hin und wieder in die kritische Phase zurück, denn die Wirklichkeit lässt sich ja nicht wegwischen. Ziel ist es, es sich für eine Zeit lang gut gehen zu lassen und dabei vielleicht noch etwas dazuzulernen oder neue Ideen und Tätigkeiten für sich zu entdecken. Die Fähigkeit des Menschen zu fantasieren ist für mich eine *Ich-Erweiterung:* Dem Negativen wird eine positive, schöpferische Kraft entgegengesetzt, die einen nicht frustriert, sofern man sie als Traumgebilde versteht und nicht etwa als Zielzustand.*

Ich sprach von Aktivitäten, die man auch verwerten oder nutzen kann. Vor allem die Ehrgeizigen unter uns sollten jedoch gerade in Krisen keine Ziele verfolgen, die sie zusätzlich stressen – es ist mir wichtig, darauf hinzuweisen, weil ich gesehen habe, dass gerade Leute, die sich sehr durch Leistung definieren, hier in eine Falle geraten können. Sie wollen eine entspannende Abwechslung und wählen dann etwas, das zu anspruchsvoll ist und Energie zieht, anstatt welche zu geben.

Man kann auch etwas »dazwischen« wählen, also etwas mit mittlerem Anspruchsniveau. Etwas, das man nutzen kann, aber worin man nicht wieder der Beste

---

* Es werden sich genug Experten finden, die dem widersprechen. Manche werden zum Beispiel empfehlen, bei solchen Hirngespinsten zu hinterfragen, warum man sie überhaupt hat. Oftmals stecken hinter so ehrgeizigen Zielen ja Eltern, die Druck gemacht hatten, oder andere fragwürdige Motivatoren. Ich verstehe diese Zurückhaltung durchaus, denke aber, dass viele Menschen Fantasie von Realität trennen können, und für jene sind Traumausflüge sicherlich stimmungserhellend und wenig bedenklich.

sein muss. So etwas wie Sprachen lernen zum Beispiel. Hat man die Kraft, in der Krise eine Sprache zu lernen (viele werden es als zu anstrengend empfinden), kann man sich später in einem Urlaub über das neue Talent freuen. Nebenbei lernt man neue Leute kennen und hat vielleicht bessere Optionen bei der Berufs- und Partnerwahl. So schlägt man viele Fliegen mit einer Klappe, hat also etwas gefunden, was wissenschaftlich gesprochen *multifinal* ist: Es befriedigt mehr als ein Bedürfnis. Nehmen wir das Beispiel Kochkurse. Wenn ich meine Kochkenntnisse in einem Seminar aufbessere, dann kann ich die Ergebnisse genießen, weiß eventuell auch besser, welche Lebensmittel gut für mich sind und warum, und kann mich in Internetgruppen zusammentun und Freunde finden, mit denen ich über all die tollen Produkte, Weine und Spitzenköche fachsimpeln kann. Ich fühle mich besser, habe Erfolgserlebnisse. Multifinal sind auch Gesangskurse. Über gute Sänger freut sich jeder Chor, und wie beim Sport setzt nach einer Stunde Gesangstraining ein wohltuendes Gefühl ein – die Zwerchfellgymnastik, die gute Atmung, all das tut unserem Organismus gut und streichelt unsere Seele. Vielleicht kommt man ja sogar auf ein Niveau, auf dem man sich durch Musik ausdrücken kann, oder tut sich mit einer Hobbyband zusammen. Je älter ich werde, umso weniger brauche ich zum Singen ein Publikum. Ich mag den Akt des Singens, das Kämpfen um Töne und Ausdruck und das Gefühl dabei so gern, dass ich mir selbst genug bin. Ich könnte auch sagen, das sei wie Meditation oder eine sportliche Übung, aber das würde es nicht treffen, es ist schlichtweg Singen. Manch anderer wird das beim Malen oder Bildhauen, beim

Schreiben oder Tanzen empfinden. Multifinalität ist sinnvoll: Die Forschung zeigt, dass Tätigkeiten, die viele Bedürfnisse befriedigen, besonders attraktiv sind. In Krisenzeiten sollten solche neuen Tätigkeiten oder Hobbys aber vor allem eines bringen: Spaß. Verwertbarkeit ist ein schöner Nebenaspekt, aber Energietanken, sich etwas Gutes tun und seine Stimmung verbessern sollten Hauptziele bleiben.

Ich sehe einen fließenden Übergang zwischen Wellness und Lernen. Wellness meint im Grunde anspruchslose Tätigkeiten, wie saunieren oder sich in den Park legen. Wenn das Anspruchsniveau steigt, ist es für manche immer noch Wellness, für andere bereits eine Anforderung. Um ein Beispiel zu nennen, so ist Lesen für meinen Mann reine Wellness. Gerade habe ich von meinem Verlag einen Karton mit Karen-Rose-Schmökern bekommen, und wenn mein Mann müde ist und seine Ruhe haben will, liegt er auf dem Sofa, liest Krimis und sieht einfach nur zufrieden aus. Keine Runzeln auf seiner Stirn, die auch nur den Hauch von Anstrengung andeuten. Pure Entspannung. Ich hingegen muss, um Wellness zu erfahren, in eine Sauna oder ein Schwimmbad gehen. Oder zum Wandern. Und wenn ich lese, muss es meist etwas Herausforderndes sein. Heideggers »Sein und Zeit«, Marcel Beyer, Rainald Götz, Franz Kafka. Lesen ist für mich immer eine Anforderung, die mich aber dennoch gut stimmt und mir so in Krisen hilft. Wenn mein Mann sich geistig fordern will, geht er ins politische Kabarett – da kann es ihm oft nicht spitzfindig genug sein. Oder er liest politische Bücher.

So ist jeder anders, und es gilt wieder einmal, für sich

herauszufinden, welches Niveau an Aktivitäten gut für einen ist. In der Krise geht es einzig darum, etwas zu finden, was Sie aufbaut. Für die einen sind das eher leichte, anspruchslose Tätigkeiten, für andere muss es etwas Anspruchsvolles sein. Ich vermute, dass Letztere ein sehr hohes Bedürfnis nach Lernen haben. Die Forschung zeigt, dass sich Menschen in Bezug auf dieses Bedürfnis stark voneinander unterscheiden, und Kollegen streiten sich darum, ob es sich dabei um eine ererbte Persönlichkeitseigenschaft handelt oder ob man es im Elternhaus oder durch gute Lehrer erwirbt. Im Synchronsprecherkurs lernte ich eine Frau kennen, die gerade von Arbeitslosigkeit bedroht war und sich große Sorgen machte. Wir beide hatten ein sehr großes Bedürfnis zu lernen, wie wir immer wieder feststellten, und verbrachten viele Stunden im Tonstudio, um zu üben. Wir halfen uns sogar damit durch die Krise, dass wir alle berühmten Synchronsprecher von 1960 an auswendig lernten oder schwierige Textpassagen durchpflügten, bis wir alles hundertprozentig verstanden hatten.

Es ist interessant, wie unterschiedlich wir Menschen ticken, welch verschiedene Dinge uns Spaß machen und uns helfen. Schon allein in die Gänge zu kommen mit etwas, das einem Respekt vor einem selbst geben oder einem guttun kann, ist sinnvoll, und Sie allein bestimmen das Anspruchsniveau. Ich habe festgestellt, dass sowohl Lernen – oder der Erwerb von Fähigkeiten in welch einem Bereich auch immer – als auch die Lust, sich am Sinnlosen zu vergnügen, Resilienzfaktoren sind, also eine Kraft darstellen, die einen vor Selbstwertverlusten durch Misserfolge und Krisen wappnet.

Diese Beobachtungen passen jedenfalls in Patricia Linvilles Forschung zur Selbstkomplexität. Sie zeigt, dass es von Vorteil ist, mehr als ein Lebensziel zu haben und mehr als eine Sache gut zu können, wenn man sich in einer Krise befindet. Nehmen wir einen Komponisten, der so verrückt nach Musik ist, dass er jede Minute mit seinen Noten verbringt und es genießt, auf Uraufführungen seiner Werke seinen Schöpfungen zu lauschen. Nehmen wir an, etwas Schreckliches passiert, etwa, dass niemand mehr seine Musik hören will, dass er taub wird oder sich nach einem Unfall nicht mehr konzentrieren kann. Jemand, der alles auf ein Pferd gesetzt hat, wird in eine größere Krise stürzen als jemand, der Erfolge in anderen Bereichen einfahren kann. Benutzen wir wieder einmal das Bild der Teile. Ein solcher Komponist besteht vor allem aus einem großen Teil, und wenn dieser Teil nicht mehr funktioniert, fühlt er sich leer und stürzt in ein großes schwarzes Loch. Wenn er allerdings noch einen anderen Teil hat, er beispielsweise ein sehr geselliger Mensch ist, gern Fußball spielt oder gärtnert, dann kann er seinen Schmerz kompensieren, indem er seine anderen Teile auslebt und diese vielleicht vergrößert. Er kann sich zum Beispiel vornehmen, seinen Garten umzustrukturieren, oder er kann seine Geselligkeit nutzen, um anderen Unterricht im Komponieren zu geben. Wenn ein Teil in ihm ein *inneres Kind* ist, das sich allein am puren Dasein erfreuen kann, umso besser.

Jetzt mögen manche sagen: »Ja, wenn ich früher angefangen hätte, mit einer Sprache, einem Instrument, einem handwerklichen Hobby, dann würde ich das ja auch machen!« Bei solchen Aussagen fällt mir Peer

Steinbrück ein: »Hätte, hätte Fahrradkette.« Wir können die Vergangenheit nicht ändern. Und weil dem so ist, könnte in diesem Moment der *innere Erwachsene* zu uns sagen: »Verpassten Chancen nachzutrauern bringt nichts.« Außerdem ist fraglich, ob es stimmt, dass man im Alter nicht mehr viel dazulernen kann. Die Lernangebote sind momentan so vielfältig und richten sich an die unterschiedlichsten Altersklassen und Geldbeutel, dass man sich in diesem Supermarkt der Möglichkeiten durchaus einmal umsehen kann.

Eine Bekannte jammerte: »Ich bin jetzt in einem Goldschmiedekurs und bin da mit Abstand die Älteste!«, worauf ich erwiderte: »Na und? In dreißig Jahren werden wir überall die Ältesten sein – und kaufen wir dann etwa keinen Wein mehr ein?« Fähigkeiten kann man in jedem Alter erwerben, und auch wenn wissenschaftlich gesehen das Phänomen des »Hirnjoggings« derzeit stark hinterfragt wird, so denke ich, dass der Erwerb von Fähigkeiten als Vorbereitung auf Krisenzeiten sicherlich wirksam ist. Vielleicht bilden sich dadurch keine neuen Hirnzellen, aber das Spektrum an Ressourcen steigt. Man kann sich das vorstellen wie Schutzschilder vor den Pfeilen der Krise. Wenn ich die Möglichkeit habe, mich musikalisch auszudrücken, mich durch Yoga oder Sport zu entspannen, zu stricken, zu singen und am Computer zu daddeln, dann wehren diese vielen Schutzschilde eher böse Pfeile ab, als wenn mir nur einer zur Verfügung steht, der zudem lädiert ist.

Außerdem steigern Interessen in vielen Bereichen die Kreativität und die Fähigkeit, Probleme zu lösen. Kreativitätsforschung zeigt den Vorteil gemischter

Teams. Wenn in einem Team zum Beispiel alte, junge, türkische und deutsche Frauen und Männer gut gemischt sind, sind sie kreativer als homogene Gruppen. Ich lernte einmal an einer Hotelbar einen Wildwasserkanufahrer und einen Sternekoch kennen, mit denen ich schnell ins Gespräch kam. Ich trug ein Problem mit mir herum, das ich nicht so richtig in den Griff bekam: Ich wollte mit zwei Kollegen sprechen, hatte ihnen E-Mails mit der Bitte um Termine geschrieben, die sie aber ignorierten. Ich starrte in mein Weinglas und fragte mich, was das zu bedeuten hatte. Offenbar mochten sie mich nicht, und ich fürchtete, noch mehr Ablehnung zu provozieren, wenn ich sie an die E-Mails erinnerte. Andererseits fand ich es unumgänglich, miteinander zu sprechen, weil nur ein Gespräch solche Unklarheiten beseitigen kann. Der Wildwasserfahrer meinte, das erinnere ihn an eine Walze – eine Situation, aus der man nicht herauskomme, wenn man nicht völlig gegen seinen Impuls arbeite. Eine Walze sei eine Welle, die einen Untersog bilde, wobei der Anfängerfehler sei, dagegen anzuarbeiten und mit dem Kopf über Wasser bleiben zu wollen. Man müsse im Gegenteil untertauchen und unter der Walze hindurchschwimmen. Der Koch sagte, ihn erinnere meine Situation an die Planung von wichtigen Banketts für riesige Gruppen. Ihm sei dabei große Flexibilität wichtig, da man nicht immer alle Produkte, die man einplane, zum betreffenden Zeitpunkt in top Qualität kaufen könne – und außerdem sei ihm wichtig, dass man die teuren Zutaten, die nicht konsumiert würden, anderntags recyceln könne. Diese Tipps, die Ihnen vermutlich auf den ersten Blick weinselig vorkommen, waren wie eine Erlösung. Erstens erkannte ich, dass mein Problem in keiner Weise lebensbedrohlich war – nicht wie eine Walze. Es ging ja lediglich darum, über meinen Schatten zu springen und einfach noch einmal anzuklopfen. Das war etwas riskant, ja, aber so wahnsinnig viel konnte ich dadurch auch nicht verlieren. Ich musste lediglich kurz durch eine unangenehme Situation hindurch und konnte danach wieder durchatmen. Wenn überhaupt, war das eher ein Wälzchen. Und ich nahm vom Koch mit, dass ich diese Gespräche irgendwann für ein Buch über Kommunikationsprobleme verwerten könnte – ich könnte also einmal ganz wissenschaftlich oder journalistisch an die Frage herangehen: »Warum trauen wir uns manchmal nicht, mit dem anderen zu reden?« Einen Verlag dafür würde ich schon finden. Das Beispiel soll zeigen, wie einem gemischte Teams auf die Sprünge helfen können. Ich setze solche Unterschiedlichkeiten von Mitgliedern in Teamsupervisionen übrigens gezielt ein, wenn ein Mitglied eine Lösung für Probleme sucht. Es ist immer wieder frappierend zu beobachten, dass Probleme aus einer ganz anderen Perspektive plötzlich lösbar erscheinen oder weniger schlimm, oder sogar spannend.

Bezogen auf einen selbst, kann man die vielen unterschiedlichen Teile des Selbst als *inneres Team* nutzen, in dem man die vielen Experten, die man hat, aus den unterschiedlichsten Bereichen miteinander sprechen lässt. Also könnte ich mich fragen, was *dem Sänger* wohl zu meinem Problem einfällt oder wie *der Stricker* es lösen würde. Je vielfältiger ein inneres Team, umso besser.

Kurzum, es ist nicht schlecht, sein Selbst in guten Zeiten zu erweitern, indem man Selbstaspekte ausbaut,

Tätigkeiten erlernt, die vor allem Spaß machen und die nebenbei vielleicht sogar von Nutzen sind. Das innere Team, das sich daraus entwickelt, kann eine Hilfe an Regentagen sein. Zudem können in Krisenzeiten, sofern man Energie dafür übrig hat, neue Tätigkeiten oder vergessene von früher, die man wieder aufnimmt, stützend wirken. Das Anspruchsniveau bestimmen Sie. Vorrangig sollte dabei, ich wiederhole mich hier bewusst, der Spaß sein.

Bringen wir das letzte Kapitel und dieses zusammen, so sehe ich einen Zeitverlauf: Auf dem Höhepunkt der Krise geht vermutlich gar nichts außer Wellness, und die sollte man sich auch gönnen. Sparen Sie nicht, lassen Sie es sich gut gehen. Dauert die Krise an, oder sind Sie schon ein wenig aus ihr herausgekommen, oder spüren Sie viel Angst, Ärger, Druck, Nervosität oder Erregung, der besser mit Aktivität beizukommen ist, dann suchen Sie sich etwas, das Sie mehr fordert. Vielleicht erlauben Sie sich ja sogar, etwas zu tun, was Sie schon immer einmal machen wollten? Nur zu, Sie haben nicht viel zu verlieren!

10
MUSIK UND KUNST – SICH MIT SCHÖNEM UMGEBEN

Warum ein eigenes Kapitel über Musik und Kunst? Wurden nicht das Erlernen von Instrumenten, Töpferkurse, Singen, Malen und andere schöne Künste schon ausreichend behandelt? Teilweise ja, aber ich denke, es gibt, außer den bereits erwähnten, noch andere heilende, tröstliche oder aufbauende Faktoren, die allein aus dem Genießen und dem Sichauseinandersetzen mit Musik und Kunst erfolgen.

Ist es nicht absolut erstaunlich, wie viel Musik wir hören? Im Supermarkt, im Aufzug, im Restaurant, beim Fußball, im Fitnessstudio – fast überall sind wir künstlich erzeugten Klängen ausgesetzt. Wenn wir nicht gerade unfreiwillig beschallt werden, setzen viele von uns sofort die Kopfhörer auf. Wir geben große Summen für Konzerte, Klubbesuche, CDs, Musik-Downloads und Abspielgeräte aus – jeder Alien, der uns das erste Mal sieht, würde sich fragen: Was ist denn da los? Warum haben die so viele Jahre in die Entwicklung von Minimetalldingern investiert, die es ihnen ermöglichen, Tausende von Musikstücken zu speichern? Warum haben sie mittlerweile ganze Musikbibliotheken auf einem Gerät, das sie normalerweise fürs Telefonieren verwenden? Wie würden wir das dem Alien erklären?

Bevor ich überhaupt versuchen werde, das Erklärbare an der Musik zu diskutieren, lassen Sie mich gestehen: Ich weiß nicht, *warum* Musik heilt und warum sie unser Leben so stark mitbestimmt, und ich denke auch nicht, dass die Psychologie eine allseits befriedigende Antwort auf diese Fragen bereithält. Aber ich weiß, *dass* Musik uns guttut und dass sie uns in schweren Zeiten helfen kann.

Musik ist ein Stimmungsaufheller, keine Frage, und wir wissen ganz genau, welches Musikstück uns glücklich macht. Wir haben Musik für die Party, wir haben Musik, die uns aufbaut, wir haben Easy-listening-Musik, Musik zum Bügeln, zum Autofahren, zum Chillen, viele von uns wissen auch schon, welches Stück bei der Hochzeit oder der Beerdigung erklingen soll – wir hören Musik zu fast jedem Zweck. Auch in Krisenzeiten hören viele von uns Musik. Vielleicht weniger und andere Musik als sonst, aber wir hören sie.

Viele wählen, wenn es ihnen schlecht geht, langsame, getragene Musik. Musik, die zur Stimmung passt. Genau das aber ist Psychologen ein Rätsel. Warum hören wir dann nicht schnelle Beats? Warum nicht fröhliche oder gar lustige Stücke, die vielleicht in der Lage wären, uns aufzuheitern? Warum hören wir überhaupt traurige Musik? Nehmen wir einmal Beerdigungen. Selbst wenn man in der heutigen Zeit gern von klassischer Musik Abstand nimmt, vielleicht, weil sie nicht zu dem Verstorbenen gepasst hätte – Tanzmusik wird eher selten gespielt.

Ron Friedman und ich sind der Frage in einer Studie nachgegangen, und wir argumentierten, dass es beim Musikwunsch ein Gefühl der Passung, der Angemessenheit gebe, das uns nach der traurigen Ballade oder dem Konzert in Moll greifen lässt. Ron, Sohn eines nach New York geflüchteten Juden, ist in einem sehr deutschen Elternhaus groß geworden, in dem Kunstlieder und deutsche Klassik gespielt wurden und gegen das er rebellierte, indem er Jazzpiano studierte. Jazz – das war für seine Eltern und Großeltern die Musik einer Cowboykultur, die kein Benehmen hatte und Essen mit den Händen in sich hineinschaufelte. Die Frage von angemessener und unangemessener Musik oder Konventionen war für ihn, als Hobbymusiker und als Erster der Familie, der sich als Amerikaner fühlte und deren Musikgeschmack teilte, also sowieso von Bedeutung.

Musik ist Teil unserer Identität. Wir finden die eine Band schrecklich, die andere wunderbar, wir lieben Chopin oder wir hassen ihn, und unsere Freunde stimmen häufig mit unserem Geschmack überein. Für Jugendliche, die sich von den Eltern absetzen wollen, ist es ein alterprobtes Mittel, gerade die Musik laut zu spielen, die die Eltern zur Weißglut bringt. Irgendetwas findet sich immer.

Da sind wir beim Thema Pubertät, die für viele Jugendliche eine krisenreiche, problematische Zeit darstellt. Man ist nicht Fisch, nicht Fleisch, man sucht nach Antworten und findet sie nicht, der Selbstwert fährt Achterbahn, und die Schule macht vielen zu schaffen. Wenn man sich in die Psyche der Pubertierenden hineinversetzt (und das sollte gelingen, denn wir waren ja alle mal in dieser Phase), dann kann man verstehen, warum in dieser Phase häufig harte, provozierende Musik gespielt wird. Das Phänomen ist seit Jahrzehnten bekannt: Rammstein, Slipknot, The Clash,

Kraftwerk, Rapper wie Sido oder Haftbefehl, Prinz Pi, Kollegah, Trailerpark oder andere Interpreten, deren vornehmliches Ziel das Zerschlagen von Gitarren und der Wettbewerb um das schlimmste Schimpfwort ist (vor allem im sogenannten *harten* Rap), sind in dieser Zeit besonders beliebt. Musik wird zum Ventil, man lässt die Sau raus.

Ich hörte in meiner Jugend Richard Wagner. Sobald ich aus der Schule kam, lief der »Fliegende Holländer« oder »Parzival« – laut, ohrenbetäubend laut. Das war im sozialen Wohnungsbau, wo viele Schlager und Volksmusik hörten, ein hervorragendes Genre, um mich von allen anderen abzusetzen. Später kamen die Einstürzenden Neubauten und Punkmusik hinzu. Mein einer Bruder bedröhnte uns mit David Bowie und Pink Floyd, und mein zweiter Bruder, das Nesthäkchen, nervte mit Billy Idol. Egal, welche Musik, wir spielten sie als Ausdruck des Protests und um diese unerklärliche Wut auf Lehrer, »das System« und die Eltern rauszulassen, die allesamt in dieser Phase nichts richtig machen konnten.

Es gibt Forscher, die die kathartische, das heißt entspannende Wirkung von aggressiver Musik absolut verneinen und behaupten, Gewalt in Songtexten führe zu realer physischer Gewalt, statt sie zu reduzieren. Tatsächlich kann man das hier und da beobachten – in meiner Jugend tanzte man zu Punkmusik Pogo, genauer Slamdance, das heißt, schwitzende, übel riechende Jungs sprangen aufeinander zu, stießen, schubsten und traten sich. Dabei ist zwar sicherlich mal jemand zu Schaden gekommen, dennoch hat es uns nicht zu Monstern gemacht, und wir hatten tatsächlich das Gefühl, uns in einem sozial akzeptierten Raum abzureagieren. So, dachten wir, konnten wir die Schule besser aushalten.

Die Forschung von Markus Denzler, Michael Häfner und mir zeigt, dass eine kathartische Wirkung einsetzen kann, wenn man mit dem bewussten Ziel, aggressive Impulse abzubauen, aggressiv wird, heißt: Wenn man aggressive Sportarten oder Video Games bewusst zum Spannungsabbau einsetzt, ist es möglich, Aggressionen loszuwerden. Wir befürchten also keinesfalls eine Verrohung der Jugendlichen, wenn sie im sozial akzeptierten Rahmen von schummerigen Klubs unflätige Worte mitschreien oder wenn sie auf der Tanzfläche Luftgitarren zerfetzen.* Ich denke, dass die kunstvolle Kanalisation durch die Musik hilft, unsere Gefühle eben nicht voll und ganz ausleben zu müssen. Wenn Sting, der Sänger von Police, beim Song »Mother« wie ein mordendes Monster schreit, dann ist das große Kunst und dabei so viel ausdrucksstärker und gewaltiger als das, was wir selbst lautbar machen könnten. Sting gibt uns eine Stimme, die einerseits unglaublich mächtig ist, andererseits aber durch die Musik darauf verweist, dass alles sich in einer anderen Wirklichkeit abspielt. Es ist so gewaltig wie unmenschlich und wird daher auch nicht Realität in dem Sinne, dass wir Lust bekämen, nach diesem Song unsere Mutter zu ermorden oder – und darum geht es eigentlich in dem Lied – die Geliebten, die einem immer viel zu schnell wie die eigene Mutter erscheinen. Mit Sting können wir schon,

---

* Und wenn wir etwas dagegen hätten, würde es Jugendliche sowieso nicht davon abhalten.

was das Mutteranschreien angeht, nicht mithalten – so überlassen wir ihm den Job. Um es klar zu sagen: Natürlich sind schlecht gelaunte Jugendliche kein Vergnügen, aber ich glaube nicht, dass Musik den Frust in dieser Phase noch wer weiß wie verstärken kann. Der Frust ist da. Das ist Pubertät. Diese Zeit ist auch ein Kampf mit dem *inneren Kind*, das man verabschieden will, aber nicht kann. Dieser Kampf lebt in der Musik in kunstvollster Form in allen Generationen auf, sei es in wütenden Koloraturen, stampfenden Beats, larmoyanten Glissandi oder in mit Fäkalworten überlagerten Raps.

Zurück zur tragenden, traurigen Musik. Warum hilft sie Menschen? Und hilft sie überhaupt? Meine Forschung mit Ron Friedman zeigte, dass Versuchspersonen lustige oder aufbauende Musik in traurigen Situationen einfach unpassend fanden. Sie hatten den Eindruck, unangemessene Musik brächte sie in noch schlechtere Stimmung als angemessene. Das Forscherduo van den Tol und Edwards befragte seine Versuchsteilnehmer daraufhin noch einmal genauer danach, was sie dazu bringe, traurige Musik zu hören. Dabei fanden sie ganz unterschiedliche Motive. Manche hörten Balladen, um sich zum Beispiel an traurige Ereignisse zu erinnern. Sie hatten offenbar ein nostalgisches Interesse daran, sich zurückzufühlen in Abschiede oder Verluste. In diesem Fall führte traurige Musik nicht zu einer besseren Stimmung, sondern verschlechterte sie. Die Autoren erklären diesen Beweggrund nicht weiter, aber ich vermute, dass starke Emotionen, auch negative, für uns manchmal ein Zeichen dafür sind, wie sehr wir eine Person oder eine Situation geliebt haben und jetzt vermissen. Das könnte die positive Kehrseite sein: Wenn ich mich daran erinnere, wie sehr ich geweint habe, als mein Vater gestorben war, erinnere ich mich gleichzeitig daran, wie sehr ich ihn geliebt habe. Manchmal spürt man eine Liebe ja erst dann, wenn jemand gegangen ist. Leider. Das macht einen vielleicht nicht unmittelbar froh, aber es macht die Erinnerung bittersüß. Manchmal bestärkt es einen sogar darin, aus dem Geschehenen zu lernen.

Zudem fanden die Forscher heraus, dass man sich beim Hören trauriger Musik mit anderen verbunden fühlt. Dem Komponisten oder dem Sänger, der so herzzerbrechend leidet, ist es ähnlich gegangen! Ich bin nicht allein mit meiner Trauer; wie beruhigend. Allein das könnte das Dramatische an der eigenen Situation relativieren. Wie meine Haustherapeutin manchmal schelmisch sagt, wenn ich dramatisiere: »Jens, das ist ein ganz normales Schicksal! Manche Menschen sind böse, und du bist nicht der Erste, der diese Erfahrung machen muss.«

In der klassischen wie in der Popmusik gibt es unzählige Beispiele für wunderschöne Klagen der Verlassenen, der Betrogenen und Verachteten. Giacomellis »Sposa son disprezzata« ist meine Lieblingsarie, wenn ich mich verlassen fühle, oder »Ach, ich fühl's« aus der »Zauberflöte«.

Van den Tol und Edwards entdeckten auch weniger nachvollziehbare Effekte. So kommen jene Menschen in bessere Stimmung, die die Ästhetik der Musik zu schätzen wissen, die also in der Lage sind, musikalisch anspruchsvolle Stücke zu hören. Die Forscher vermuten, dass schöne, komplex gemachte Musik musikalischen Menschen die Möglichkeit gibt, in eine andere, vielschichtige Welt einzutauchen, was sie ihren Alltag für kurze Zeit vergessen lässt.

Es gibt durchaus einen Expertenstreit darüber, ob man beispielsweise depressiven Menschen traurige Musik anraten sollte. Manche sehen die Vorteile, die ich eben beschrieben habe, andere aber langfristig Nachteile, da traurige Musik einem nicht helfe, Probleme zu lösen, sondern sie im Gegenteil konserviere. Ich würde mich da so positionieren: Erstens weiß man selbst meist recht genau, was einem guttut oder nicht. Wenn Sie Musik bisher selten eingesetzt haben, dann könnten Sie einmal probieren, welche Ihnen guttut. Das ist es ja, was ich seit einigen Kapiteln zu vermitteln versuche: Probieren Sie es an sich aus – wenn »die Forschung« sagt, dass traurige Musik nur noch depressiver macht, dann trifft das ja nicht auf jeden zu, sondern auf irgendeine Mehrheit, mit der Sie nicht unbedingt etwas zu tun haben müssen.* Ein persönlicher Tipp: Manchmal enden traurige Balladen ja auch in einer Kampfansage. Lieder wie »I will survive«, »I am Titanium« oder »Skyscraper« erzählen davon, dass es andere auch schon geschafft haben, wie Phönix aus der Asche wiederaufzuerstehen (»Rise like a phenix« ist entsprechend wirkungsvoll). Das gibt Kraft und reißt Lichtlöcher in die Wolkendecken. Ich persönlich tanke vor allem durch solche Musikstücke Energie, die kraftlos beginnen und umso kraftvoller enden. Ein Klassiker wäre die Neunte von Beethoven, aber auch die Fünfte

---

* Menschen in Krisen wurden meiner Meinung nach noch gar nicht bezüglich ihres Musikkonsums erforscht, sondern nur Versuchsteilnehmer, denen es recht gut ging.

und die Dritte. Und ich mag gebrochene Karrieren. Menschen, die es geschafft haben, obwohl es ihnen nicht in die Wiege gelegt wurde. »Alive« von Sia funktioniert so bei mir, genauso wie Bette Midlers »The rose« oder Lieder von Barbra Streisand.

Zu guter Letzt sei auf die Wiegenlieder hingewiesen, die es in so vielen Kulturen gibt, dass manche glauben, der Ursprung der Musik liege darin. Irgendwann habe eine Mutter gemerkt, dass Kinder besser schlafen, wenn man ihnen etwas vorsingt. Die berühmte Geigerin Anne-Sophie Mutter nimmt dies offenbar so ernst, dass sie nach manchen Konzerten das »Wiegenlied« von Brahms spielt. Sie spielt es schlicht, eindringlich, sodass es fast die Konzerte von Bruch, Bach oder Penderecki, die sie vorher gespielt hat, in den Hintergrund treten lässt. Und es stellt sich das Gefühl ein, das die Musikwissenschaftler vorhersagen würden: Es ist, als habe man der Geburt aller Musik beigewohnt. Solche Wiegenlieder kann man sich selbst vorspielen – es gibt mannigfache, und man kann wechseln. Für mich funktionierte eine Zeit lang Humperdincks »Abendsegen« aus der Oper »Hänsel und Gretel« sehr gut, in der sich zwei verirrte Kinder Mut zusprechen, indem sie sich Engel an den Füßen, am Kopf und an den Seiten herbeiwünschen.

Manchen Klienten rate ich, sich beruhigende Lieder in Gedanken selbst vorzusingen, wenn sie nachts nicht schlafen können. Die meisten haben direkt eines im Kopf. Insgesamt ist es nützlich, sich einen eigenen Korb von Liedern zurechtzulegen und nicht einfach welche zu übernehmen. Dennoch ein Tipp: Ich habe lange Zeit meine Sorgen mit »Morgen« von Richard

Strauss weggezaubert. Das Lied ist so langsam und getragen und gleichzeitig traurig und hoffnungsvoll, dass ich meist schon vor dem letzten Ton wie ein Baby schlief.

Natürlich gibt es einige Parallelen zur Literatur, zum Theater, zur bildenden Kunst. Auch hier sehen wir, dass es bereits anderen vor uns schlecht gegangen ist, vielleicht sogar schlechter. Eine Rahmung, die manchmal schon allein erleichternd sein kann. Auch hier fühlen wir, dass wir nicht allein mit unserem Frust sind und dass andere vor uns schlimme Situationen bewältigt haben.

Zum anderen ist gut gemachte Kunst eine Möglichkeit, auf andere Gedanken zu kommen und vielleicht sogar auf neue Ideen. Ich erinnere mich an eine Psychologenkonferenz, die in Las Vegas stattfand. Ich fragte mich zu dieser Zeit gerade, ob ich wirklich den richtigen Beruf gewählt hatte. Es kam mir so vor, als ginge es nur noch um Forschungsgelder und nicht mehr um Inhalte. Wie es der Teufel dann wollte, protzten schon beim Check-in im Hotel Kollegen mit ihren Projektgeldern, ohne mir klarmachen zu können, wofür sie diese denn eigentlich erhalten hatten. Ausgerechnet in dieser Situation war ich in einer Stadt gelandet, die architektonisch der Ausbund an grobschlächtigster Hässlichkeit ist, in der sich die Geschmacklosigkeit mit geradezu abartigem Reichtum verbündet hat, in der statt Inspiration die gewöhnliche Fratze des Kommerzes die Zähne bleckt. Alles war groß, obszön, und es war von allem zu viel. Ich fand einen Kollegen, der gleichermaßen frustriert war, und so machten wir uns auf den Weg zu einer Oase, Daniel Libeskinds Crystals. Mitten in der größten Vulgarität stand da dieses kühle Gebäude mit fallenden Wänden, das unsere Wahrnehmung forderte. Steht es schief? Sehen wir schief? Was ist das für ein Material? Warum steht es hier, warum hat sich ein Architekt, der das Jüdische Museum in Berlin entworfen hat, überreden lassen, ausgerechnet für hier ein Bauwerk zu planen? Gerade für hier, denkt man, gerade für hier hat er es entworfen, und zwar allein für uns, allein für diejenigen, die mit den Kasinos, den beleuchteten Springbrunnen des Bellagio, der Venedigimitation im Venetian Resort und dem scheußlichen Entree des Cesars Palace nichts anfangen können. Und hat sich an nichts angepasst, von nichts verleiten lassen. Es fühlt sich edel an, man möchte sie anfassen, diese Wände. Es fällt auf, wie ruhig die Leute hier plötzlich sind, obwohl die meisten von ihnen betrunken und glasigen Blicks neonfarbene Plastikbecher umklammern, als gäbe ihnen das Halt. Wie zum Trost läuft von einigen Wänden Wasser. Und sammelt sich auf den Gehwegen in Rinnen, die extra dafür in die Platten geschnitten wurden. Mitten in der Wüste.

Ein Nebeneffekt des Gebäudes war, dass mir spontan eine Idee zu einem Problem kam. Ich war nämlich nicht nur wegen der Zweifel ob meiner Berufswahl und wegen der Stadt schlecht drauf, sondern auch, weil meine Mutter mich angerufen hatte, um mir zu sagen, dass bei meinem Vater nun auch noch ein aggressiver Krebs festgestellt worden war. Er hatte vor Monaten einen Herzinfarkt mit großen Anstrengungen überstanden und nun Hals über Kopf wegen starker Übelkeit ins Krankenhaus gemusst. Ich hatte daraufhin versucht, einen früheren Rückflug zu bekommen, um bei der Familie sein zu können – ohne Erfolg. Ich saß also in dieser fürchterlichen Stadt fest, in Gedanken bei einem todkranken Vater und meiner völlig aufgelösten Mutter und mit einer satten Midlife-Crisis.

Als ich die schiefen Wände des Crystals hinaufschaute und dabei zur Ruhe kam, lockerte sich plötzlich ein Gedanke: Was, wenn die Ärzte einen Fehler gemacht hatten? Auf diese Idee war ich vorher gar nicht gekommen. Dazu war ich zu sehr in meinen schlechten Gedanken verfangen gewesen. Ich hatte wie vor einer türlosen Mauer gestanden, ohne den geringsten Zweifel daran, dass die Welt ein großer Misthaufen war. Zurück im Hotel, rief ich zu Hause an. Und tatsächlich: Der Krankenhauscomputer hatte die Dateien zweier Patienten zusammengefügt! Mein Vater hatte gar keinen Krebs! Die erlösende Idee, »dass alles ganz anders sein könnte«, hatte ich wohl Daniel Libeskind zu verdanken, der mir gezeigt hatte, dass Mauern auch durchlässig, fließend und schief sein können. Der mir durch seine Architektur einen Raum gab, andere Wege beim Denken zu gehen.*

Es gibt überall Räume, die einem Ruhe oder Inspiration geben, man muss sie nur suchen. Ich habe weiter oben vom Kölner Dom gesprochen, von der Freundin, die sich gern vor das Richter-Fenster setzt. Wenn ich

---

* Ob es die Architektur an sich war oder die Ruhe, die dort möglich war, weiß ich natürlich nicht. Ich weiß auch nicht, ob mir der Gedanke nicht woanders ebenfalls gekommen wäre. Aber ich kenne die Forschung ganz gut, die zeigt, dass eine »etwas andere« oder eine kreative Umgebung Problemlösungsprozesse begünstigt. Also lassen wir doch Herrn Libeskind den Triumph!

Bücher schreibe, erzähle ich Freunden viel vom Inhalt, um zu schauen, wie sie reagieren, und interessanterweise fand ich einige, die diese Stelle ebenfalls aufsuchen, darunter auch solche, die nicht religiös sind. Das Richter-Fenster gebe ihnen Ruhe oder Kraft, lade zum Meditieren ein. Es bietet sich an, dorthin zu gehen, wenn noch wenige Menschen da sind, natürlich. Wenn man seine Ruhe hat vor den Touristen und nicht dauernd gestört wird. Tatsächlich ist ein Vorteil des Richter-Fensters, dass dort Gleichgesinnte sitzen, die schweigen, staunen, leiden, weinen, sich beruhigen. So fühlt man sich nicht allein. Sicherlich gibt es an jedem Ort solche Plätze oder Räume. Lassen Sie mich ein paar von »meinen« nennen, vielleicht kommen Sie dann auf eine Idee in Ihrer Stadt.

Als ich in Trier wohnte, war »mein« Raum nicht der vollkommen verbaute Dom, sondern die Konstantin-Basilika, eine riesige Halle, die einen mit ihrer Scheinoptik verwirrt – manchmal fühlt man sich klein, manchmal riesengroß. Ein Schriftsteller mit Schreibblockaden erzählte mir einmal, dass er sich in seinen verzweifelten Phasen oft stundenlang dort niedersetzt und die Halle auf sich wirken lässt.

»Mir wird dann klar, wie kleinmütig ich bin, im Angesicht dieser Kraft. Es ist immer dieser Effekt: Anfangs fühle ich mich so mickrig wie ein Ungeziefer. Wie kann ich als Mensch etwas bewirken, das nur ansatzweise so großartig ist wie dieses hier? Und irgendwann dann, und das ist immer so nach einer halben Stunde, wenn ich meinen Hintern spüre, dann fange ich an, über mich zu lachen. Dann erinnere ich mich daran, dass ich ja schon Bücher geschrieben habe, mit denen ich zufrieden war. Und die wurden auch gelesen. Und dass es in Ordnung ist, dass ich kein Goethe geworden bin.«

»Du weißt, dass die heilige Halle schon mal als Steinbruch diente und lange Jahre hindurch als Viehstall genutzt wurde, oder?«

»Ja, Idioten halt. Das kurfürstliche Palais haben sie dann später drangeklatscht. Diesen Schnörkelkitsch, der nicht einmal fertig geworden ist. Von mir aus können die den Mist abreißen, damit die Basilika hier wieder wirken kann.«

»Die Touristen fotografieren aber das Palais und nicht die Basilika – mit der können sie gar nichts anfangen.« Er nickte. »Und wenn du weiter so gut schreibst, dann kannst du ein großes Publikum vergessen. So ist es nun einmal. Schreib halt Schnörkelkitsch, dann hast du auch mehr Leser.«

»Oder was mit Vampiren oder Zauberern. – Nein, wenn ich länger dasitze und sich dabei natürlich auch immer das Licht verändert und es manchmal dunkel auf mir wird und dann wieder hell, dann habe ich Momente, wo ich mich ganz hell und leicht fühle. Wo ich das Gefühl habe, die Fenster gehen auf und gute Gedanken schweben herein, die ich nur noch leicht anblasen muss, und schon werden sie formbare Sätze. Dann gehe ich mit meinem Notizbuch in die Weinstube, bestelle mir eine Spätlese und beginne mit dem Schreiben.«

Es gibt einige öffentliche Orte, die inspirieren, in manche kommt man umsonst hinein, für andere muss man zahlen. Ich erinnere mich an meine Zeit in New York, als ich im Metropolitan Museum auf den Steinbänken der riesigen Halle mit dem Tempel von Dendur und einem Wasserbassin saß und mein Theaterstück »So brICH mein HERRz« schrieb. In das MET kann man umsonst rein (was viele Touristen nicht wissen und was für viele Museen in New York zutrifft), aber auch deutsche Museen kosten häufig nicht die Welt. In Köln bietet das Kolumba (Jahreskarte zwanzig Euro) von Peter Zumthor Ruhe und Inspiration, in Berlin schreibe ich gern in Cafés, die mich stimulieren.

Auch hier ist der individuelle Geschmack ausschlaggebend. Welchen Raum brauche ich, wie viel Ruhe sollte er ausstrahlen und wie viel Herausforderung? Das Richter-Fenster finde ich besonders wirksam, wenn mir andere Menschen das Leben schwer machen. Ungerechtigkeit und Konflikte ziehen mich immer sehr herunter, dann tut mir der Blick auf das Abstrakte, auf Struktur, auf die vielen kleinen bunten Quadrate, auf Licht und Lichtwechsel wohl. In solchen Momenten kann ich zum Beispiel keine Gemälde mit Körpern, Gesichtern oder Fratzen ertragen. Wenn es um Dinge wie Krankheit geht, brauche ich noch mehr Ruhe. Möglichst eine Mischung aus Bewegung und Kontemplation. Häufig finde ich solche Räume in der Natur, fahre dann an den Rhein oder die Mosel und wandere lieber, als ruhig dazusitzen (siehe Kapitel 2). Nur wenn ich richtig offen bin, brauche ich die Provokation, das Ärgernis, die mühsame Auseinandersetzung mit dem Fremden, mir Ungewohnten, das wir ebenfalls in der Kunst finden können.

Die Devise ist also: »Finde deinen Raum!« – oder besser: »Finde deine Räume!«, weil es unter Umständen für unterschiedliche Stimmungen mehrere gibt.

Wenn Sie viel Ruhe brauchen, dann machen Sie sich auf die Suche nach Ihrem Raum, der ihnen das ermöglicht; suchen Sie hingegen Inspiration, ist es vielleicht ein anderer, anregenderer Raum, den Sie brauchen. An dieser Stelle möchte ich diejenigen erlösen, die Las Vegas oder Rokokoschnörkel als schön und erheiternd empfinden: Von mir aus soll sich jeder das aussuchen, was er mag. Jedoch habe ich für mich gelernt, dass manchmal eine etwas komplexere Ästhetik hilfreicher ist als das, was sich sofort erschließt oder sich einem aufdrängt.

Mit Kunstwerken ist es ähnlich. Es gibt Bilder, in die man »einsteigen« kann. Bilder, die einen beruhigen oder die einen anregen. Bilder, die man »seine Bilder« nennt. In meiner Jugend hatten viele Freunde ein Poster von van Goghs »Nachtcafé« in ihrem Zimmer. Ich denke, dass es in den recht spießigen Siebzigerjahren das repräsentierte, was wir sein wollten: farbenfroh, laut, anders. Van Gogh war für uns vor allem wegen seiner Geschichte ein Held: Man hatte ihn für verrückt gehalten und in die Psychiatrie gesteckt, ausgerechnet ihn, das Genie, den Einsamen, Progressiven. Er schnitt sich aus Verzweiflung ein Ohr ab und war zeit seines Lebens erfolglos. Erst nach seinem Tod erkannte man seine Kunst und zahlte Millionen dafür. So ähnlich sahen wir uns auch: Wir waren die Verkannten, die Außenseiter, die Kreativen, die vor den Atomkraftwerken protestierten und mit ihren blau gefärbten Haaren und Juteröcken für verrückt gehalten wurden. Wir hatten den Eindruck, von tumben Spießern umgeben zu sein, die uns ein idiotisches System aufpressten, das uns schier verrückt machte. Wir liebten krasse Aktionen in der Kunst, die unsere Unangepasstheit ausdrückten. Pink Floyds »We don't need no education« taugte als Kampflied, Rainald Götz vergötterten wir nicht nur wegen seines schrägen Werks »Irre«, sondern auch, weil er sich bei seiner Lesung auf dem Bachmann-Wettbewerb die Stirn mit einer Rasierklinge aufschlitzte (das Ohr ließ er dran), Rainer Werner Fassbinder besudelte mit seinen Werken die Wohnzimmer mit ihren ach so sauberen Nachkriegsfilmen und -serien, und Joseph Beuys stellte seine mit Fett beschmierten Wanneninstallationen in die Museen, die die Jedermänner da draußen genauso wenig als Kunst verstanden wie seine Aktion, siebentausend Eichenbäume zu pflanzen und das auf der documenta Kunst zu nennen. Bei diesen Künstlern fanden wir ein Zuhause, wo wir alles durften und wo wir in Gedanken Konstantin-Basiliken bauten. Und sie wieder einrissen, genauso wie die Atomkraftwerke und Tierschlachtfabriken.

Für mich ist es ein enormer Luxus, dass ich eine große Künstlerin, Manon Grashorn, zu meinen Freundinnen zählen darf und dass sie mir einmal ein Bild malte. Es ist ein riesiges blaues Bild aus Öl, Wachs und anderen Materialien auf Papier, das lose und wellig auf eine Holzplatte geklebt ist. Es schwebt in einem schönen Rahmen hinter Metern von Glas wie ein biologisches Präparat, ein getrocknetes Blatt vielleicht. Man erkennt, wenn man genauer hinschaut, übermalte Fetzen eines Gedichts von Ingeborg Bachmann. Wie oft bei dieser Malerin, erkennt man mehrere Schichten, denen man gedanklich nachgehen kann: Übermalungen, Ausradierungen, Verwischungen – in späteren Arbeiten klebte Grashorn Pergamentschichten übereinander, zart aufeinander fixiert. Das Bild ist für mich einerseits Ruhe und andererseits Herausforderung, weil ich den Eindruck habe, es niemals ganz erfassen zu können. Selbst nach Jahren entdecke ich immer noch Neues darin, und es stellen sich neue Rätsel. Das Bild ist mir auch deshalb so teuer, weil die Künstlerin dabei ihren Grundsatz, nicht in Blau zu malen, aufgegeben hat. Für mich aber ist Blau die Farbe, die mich am meisten beflügelt. Damit bin ich nicht allein, denn wie bereits oben angesprochen: Die Forschung zur Wirkung von Farben zeigt, dass Blau und Grün auf viele eine beruhigende und gleichzeitig inspirierende Wirkung haben. Dies liegt vermutlich an den kulturell geschaffenen Assoziationen – Blau mag einen an einen strahlenden Himmel erinnern, und der wird in unserer Kultur als positiv verstanden (das schöne Wetter!). In südlichen Kulturen dagegen mag die uns verhasste Regenwolke einen Segen darstellen. Es ist also zu vermuten, dass Blau nicht auf jeden eine positive Wirkung hat. Für mich aber eben schon. Ich kann überhaupt nicht ohne das Bild leben, und selbst jetzt, wo es aus Platzgründen im Treppenhaus an der Wand lehnt, erfreue ich mich jedes Mal daran, wenn ich vorbeigehe.

Den Grad der Herausforderung bestimmt wiederum jeder selbst. Wenn man es chic findet, extreme, verstörende oder gar beängstigende Bilder aufzuhängen, sollte man sich in einer Krise allerdings überlegen, ob man sie nicht lieber solange abhängt oder mit einem schönen Tuch bedeckt. Bilder »leben«, und wer will schon in schweren Zeiten jemanden um sich haben, der die schlechte Laune noch verschlimmert.

Ich hatte einmal in einem Büro Drucke von Francis

Bacon hängen, den ich als Künstler bewundere. Es war eine Serie von roten Bildern, auf denen vereinsamte Gestalten zu erkennen waren, die teilweise wie zerfleischt wirkten. Dabei handelte es sich nicht um Gruselcomics oder dergleichen, sondern teils sogar um Liebesbeweise – oder schonungslose Selbstreflexion, so jedenfalls meine Interpretation. Bacon mag einer der wichtigsten Künstler des zwanzigsten Jahrhunderts sein, und seine Bilder sind auf dem Kunstmarkt Spitzenreiter, doch gehören sie in ein Museum, finde ich, nicht in ein Büro. Jedenfalls erlebte ich, wie schnell die Bilder eine eigenartig negative Stimmung verbreiteten. Sie zogen mich merklich herunter, wenn ich sie am Computer sitzend ständig aus dem Augenwinkel im Blick hatte, und ich hatte den Eindruck, dass sie meine Besucher ebenfalls verstörten. Ein paar Monate schaute ich mir das an, dann hängte ich sie ab, obwohl sie nicht billig gewesen waren. Die leeren Wände wurden schnell wieder gefüllt. Ein paar Tage später kamen Mitarbeiter und brachten mir Picasso-Poster, die tatsächlich gut passten, weil sie weder zu gefällig noch zu provozierend wirkten. Auch die Kollegen bestätigten, dass die früheren Bilder zwar fantastisch, aber unheimlich gewesen waren – das nahmen wir zum Anlass, dem Einfluss von Farben und Kunst wissenschaftlich nachzugehen.

Als Coach kann ich an dieser Stelle nur raten, die Kunst als Seelentröster, Anreger, Problemlöser zu nutzen. Wieder einmal erscheint es mir sinnvoll, sich eine Sammlung von Stücken zu beschaffen, die einem in stürmischen Zeiten helfen könnten. Man muss sich gar nichts Teures kaufen – in Zeiten des Internets reicht es, sich Webseiten mit ausgewählten Werken zu speichern oder einen entsprechenden Bildschirmschoner einzurichten. Bildbände und Poster sind ebenfalls erschwinglich. Als Coach gehe ich mit Patienten manchmal auf die Suche nach Kunstpostkarten, die sie spontan mit ihren Stärken verbinden. Sich in ruhigeren Zeiten schon einmal auf die Suche nach Räumen, Bauwerken, Musik und Kunstgegenständen zu machen – und vergessen wir die Bücher nicht, für die dasselbe gilt – erscheint mir eine gute Idee. Wir sehen, wir fühlen, wir hören, und mit allen Sinneseindrücken verbinden wir bestimmte Stücke mit Stärke, mit Schönheit, Wärme, Hoffnung. Mit einer Sammlung solcher Stücke können wir alles überleben.

Und wenn das von Menschen Gemachte nicht mehr hilft, können wir nach draußen gehen in die Natur, oder nach innen, in unsere Spiritualität, und in unseren Werten Kraft schöpfen.

11
DER UMGANG MIT DER KRISE – KONFRONTIEREN ODER MEIDEN

Viele meiner Kollegen würden behaupten, dass die Auseinandersetzung mit der Quelle der Krise, die Konfrontation mit dem Problem oder den Angreifern oder das »Anpacken« und aktive Wegschaffen der Wurzel allen Übels notwendig sind, um eine Krise zu überwinden. Ich stimme weitgehend zu und werde in diesem Kapitel einige Möglichkeiten nennen, wie man vorgehen könnte, um ein Problem aus der Welt zu schaffen. Andererseits mehren sich in der Psychologie Befunde, die andeuten, dass eine Auseinandersetzung unter Umständen sehr kräftezehrend sein kann und in manchen Situationen nicht der Königsweg ist. Ich habe ähnliche Erfahrungen im Coaching gemacht: Manchmal können Zerstreuung, Ablenkung, Ignorieren oder Weglaufen vor dem Problem aufbauende Wirkung haben. Daher möchte ich auch Situationen beschreiben, in denen solche Strategien wirksam sein könnten.

Der Vater der Psychologie, Sigmund Freud, hatte allerdings nichts dafür übrig. »Verdrängung« war für ihn der Ursprung allen Übels, und inzwischen weiß jedes Kind, wie schlecht es ist, etwas zu »verdrängen«. Wenn man verdrängt, beschäftigt man sich nicht mit dem Problem, unterdrückt quälende Gedanken, schiebt Probleme auf und hofft sie somit zu vergessen. Dies, so

Freud, funktioniere aber nicht. Im Gegenteil würde das Unterdrückte im Unbewussten weiterleben und Energie sammeln. Irgendwann komme es dann – häufig unerwartet und wenn man es gerade gar nicht gebrauchen kann – besonders heftig wieder hoch. Die aufgestaute Energie würde sich entladen und alles nur noch schlimmer machen. Verdrängtes würde zudem in Albträumen sichtbar werden und könnte sogar zu Symptomen wie Depressionen, Zwangs- oder Panikstörungen führen.

Aus diesem Grund hat man lange Zeit etwa in der Trauerarbeit gedacht, dass sich Trauernde mit der Situation auseinandersetzen sollten. Trauernde wurden also zum Beispiel immer wieder daran erinnert, wie schlimm der letzte Moment des Sterbens des geliebten Menschen gewesen war, sie wurden dazu aufgefordert, zu weinen und dabei alles »rauszulassen« und »auszuleben«, auch Unangenehmes wie Wut, Schuldgefühle oder Lebensunlust. Die zugrunde liegende Idee ist, das Bewusste und das Unbewusste in Einklang miteinander zu bringen, also nicht etwa den Schmerz ins Unbewusste zu verbannen, von wo er irgendwann sowieso und ungleich stärker wieder nach oben kommt.

Die Psychoanalyse verlor in letzter Zeit mehr und mehr an Einfluss, und es gibt nur noch wenige Kollegen, die nach der Freud'schen Theorie behandeln oder forschen* – allerdings hat sich die Idee, dass Annäherung und Konfrontation für die psychische Gesundheit wichtig sind, weitgehend gehalten. So werden etwa Menschen mit Phobien, also solche, die vor bestimm-

---

* Tatsächlich gehören Konzepte wie »Penisneid«, »Ödipuskomplex« oder »Kastrationsangst« in die Mottenkiste der Psychologie.

ten Objekten, Tieren oder Orten Angst haben, in der Verhaltenstherapie mit diesen für sie unangenehmen Reizen konfrontiert, was kurz gesagt zu einer Gewöhnung führt und die Ängste erfolgreich mindert. Man kann zum Beispiel mit Höhenängstlichen auf einen hohen Turm steigen und sie erfahren lassen, dass das Bedrohliche daran sich nur im Kopf abspielt, weil sie durch die Konfrontation merken, wie wenig gefährlich Höhe tatsächlich ist. Oder man lässt Menschen mit Spinnenphobie zunächst einmal Bilder von sehr abstrakt aussehenden Spinnen anschauen, die mit der Zeit durch immer realistischere Bilder und sogar durch ausgestopfte Spinnen ausgetauscht werden, bis man die Patienten schließlich mit einer lebenden Spinne konfrontiert. Um ein letztes Beispiel zu nennen, so kann man Menschen, die extrem zurückhaltend sind oder sich nicht richtig durchsetzen können, dazu auffordern, an der Käsetheke bereits angeschimmelte Produkte zurückzuweisen – statt sie wie früher anzunehmen, um sich dann zu Hause darüber zu ärgern. Die Konfrontation mit dem Unangenehmen führt auch hier zu Gewöhnung und letztlich zur Überwindung der Angst.

Konfrontation ist häufig auch in Krisen eine gute Idee, zum Beispiel, wenn es um Kommunikation geht. Steckt man mit oder wegen einer Person in der Krise und hat den Eindruck, ein Gespräch könnte helfen, dann sollte man es suchen. Stattdessen – das kennen wir alle –»verdrängen« wir das Problem gern, weil wir fürchten, dass ein Gespräch alles noch verschlechtern könnte. In so einer Lage ist es günstig, sich einmal konkret vor Augen zu führen, möglichst sogar eine Geschichte aufzuschreiben, was denn schlimmstenfalls passieren könnte. Ein Beispiel: Ihr Chef hat Sie gerade zu Unrecht abgemahnt. In einem solchen Fall, so habe ich die Erfahrung gemacht, sollte man das Gespräch tatsächlich suchen, selbst wenn die Chance auf Erfolg minimal ist. Falls Ihr Chef ohnehin schlecht über Sie denkt, kann es Ihnen egal sein, wenn er seine Meinung über Sie nicht ändert – Sie müssen ja sowieso mit der Abwertung zurechtkommen. Und selbst wenn er noch ätzender ist als bisher und noch mehr Beleidigungen gegen Sie vorbringt – würde Sie das wirklich umhauen? Sehen Sie das Ganze als Test an, als Test, den Ihnen das Leben stellt. Sehen Sie es als Training im Umgang mit furchtbaren Situation. So viele Möglichkeiten, Ähnliches auszuprobieren, werden Sie nicht haben. Oder sehen Sie es als Journalist. Holen Sie sich in dem Gespräch die Informationen, die Sie sonst niemals bekommen würden. Vielleicht hat es ja auch sein Gutes, wenn der Chef so richtig gemein wird? Vielleicht können Sie sich dann erst innerlich verabschieden? Und noch etwas: Wenigstens haben Sie versucht, mit ihm zu reden. Sie können stolz auf sich sein. Feiern Sie danach, egal, wie es ausgegangen ist.

Diese Situation lässt sich leicht auf Beziehungen übertragen, zum Beispiel auf traumatische Trennungen. Quälen Sie sich damit herum, ihn oder sie noch einmal zu sprechen? Geht er oder sie Ihnen sonst nicht aus dem Kopf? Glauben Sie, ein Gespräch würde Sie noch mehr enttäuschen? Glauben Sie, es hätte sowieso keinen Zweck? Es gibt zwei Standardvorbereitungen für ein solches Gespräch, die ich auch empfehlen kann, ohne Sie zu kennen. 1) Wenn Sie Angst haben, dass Ihr Selbstwert nach dem Gespräch am Boden sein könnte, dann duschen Sie vorher in Ressourcen. Ich habe das oben bereits beschrieben: Sie kaufen sich Moderationskarten und schreiben darauf, was Sie können, welche Stärken Sie haben und was alles gut an Ihnen ist. Sie dürfen alles schreiben, nur nichts Negatives – wir duschen schon oft genug in Selbstzweifeln. Diese Karten holen Sie hervor, wenn es Ihnen schlecht geht, bevor Sie in ein Gespräch gehen, das Ihnen Angst macht, wenn eine Bewerbung ansteht oder wenn Sie sich klein fühlen. Legen Sie die Karten vor sich aus, und lesen Sie sie durch. Sie werden merken, der Boost auf den Selbstwert ist enorm, denn oft vergessen wir, was wir alles können und wie gut wir sogar mit miesen Situationen zurechtkommen. 2) Behalten Sie sich vor, das Gespräch zu beenden, wann immer Sie wollen. Überlegen Sie sich gut, wann das sein sollte. Geben Sie nicht zu früh auf, aber sollte massiv unter die Gürtellinie gezielt werden, müssen Sie sich das nicht unbedingt antun. Und belohnen Sie sich hinterher! Tun Sie das so, wie es Ihnen am besten gefällt. Bei den meisten ist nach einem solchen Gespräch ein Treffen mit einem Vertrauten hilfreich. Laden Sie ihn beziehungsweise sie zum Essen oder zum Kaffeetrinken ein! Dabei können Sie alles loswerden, was Sie gerade umtreibt (Konfrontation!), und zudem den Tag und Ihre Leistung feiern.

Das Aufschieben von Gesprächen, bei denen Sie das Gefühl haben, dass sie irgendwann sein *müssen*, ist übrigens eine schlechte Idee, denn: Jede Nacht, die man davor nicht ruhig schlafen kann, ist ein Vergehen am eigenen Körper. Machen Sie jetzt einen Termin und nicht erst morgen!

Auseinandersetzungen laufen natürlich immer anders ab, und sie haben unterschiedliche Formate. Ein Brief ist manchmal eine gute Wahl – zum Beispiel, wenn ein direktes Gespräch zu spät stattfinden würde, weil der Gesprächspartner nicht da oder schwer erreichbar ist. Nachdem das Krankenhaus mit der Fehldiagnose Krebs bei unserem Vater unsere Familie zu Tode erschreckt hatte, setzte ich mich noch in der Nacht an den Laptop, um mit meinen Brüdern eine Beschwerde an die Krankenhausleitung zu schicken. Ich brauchte das, um es aus dem Kopf zu kriegen.* Auch Briefe an Verflossene sind manchmal hilfreich, wenn man die Begegnung zu sehr scheut oder der Betreffende anders nicht erreichbar ist. Ich bevorzuge in diesen Fällen allerdings, die Briefe eine Nacht liegen zu lassen und sie dann noch einmal zu lesen. Was in Wort gemeißelt ist, kann tatsächlich gegen einen verwendet werden. Wenn man solche Briefe im Überschwang der Emotionen schreibt, dann sollte den Gefühlen auf jeden Fall Raum gegeben werden – nur sollte man sich gut überlegen, ob die Briefe wirklich verschickt werden müssen. Ich habe einige Briefe im E-Mail-Ordner »Entwürfe«, die ich niemals verschickt habe, weil ich damit nichts Gutes angerichtet hätte. Allerdings hat mich das Schreiben erleichtert und war insofern hilfreich.

Geht es um starke Ungerechtigkeiten, sollte man in bestimmten Fällen auch nicht davor zurückschrecken,

---

* Heutzutage werden solche Beschwerden ja häufig anonym im Internet gepostet. Das allerdings finde ich höchst unmoralisch, und es verfehlt vermutlich auch den Zweck der Konfrontation – ich bin der Meinung, dazu gehört, dass sich das Gegenüber äußern kann, und zwar privat. Wenn man trotzdem der Meinung ist, man sollte so etwas posten, dann bitte schön mit Namen.

sich einen Rechtsanwalt als Verstärkung zu holen. Dies schreibe ich speziell für diejenigen, die – wie ich – so sozialisiert wurden, dass man Dinge ohne Gericht klären sollte. Ich habe allerdings gute Erfahrungen mit Rechtsanwälten gemacht, denn diese Experten der (Rechts)*Streite* haben oftmals wertvolle Tipps, auch und gerade dann, wenn man es nicht zur Klage kommen lassen will – und ein Informationsgespräch kostet nicht die Welt und schafft Klarheit. Ich war auch erstaunt, wie modern, ja psychologisch Rechtsanwälte heutzutage denken. Mein »Hausanwalt« etwa wägt immer eine Mediationsmöglichkeit ab. Er ist geschult darin, Streite zu schlichten, *bevor* es zu einem Gerichtsverfahren kommt, und bietet sich an, informell zwischen den Parteien zu verhandeln. Dazu können zusätzliche Moderatoren, die Form und die Art des Gesprächs von beiden Seiten gewählt werden – andere Feinheiten wird Ihnen ein guter Anwalt sicherlich en détail nahebringen. Auch dies ist nur eine Tür, die ich Ihnen zeigen will – wie immer müssen Sie nicht hindurchgehen, und in den meisten menschlichen Auseinandersetzungen geht es ja auch ohne Anwalt.

Die Frage nach der Konfrontation des Problems tritt auch auf, wenn niemand anderes im Spiel ist, mit dem man sich aktiv auseinandersetzen kann oder müsste. Beispiel Trauer. Als mein Vater verstarb, hatte ich einen großen Brocken zu verdauen, obwohl ich, wie ich fand, alles richtig gemacht hatte. Ich war bis zum Schluss bei ihm geblieben, hatte die Beerdigung geregelt, meine Mutter gestützt und war – E-Mail und Skype sei Dank – nebenher meinen Pflichten an der Universität nachgekommen. Dass ich in seinen letzten Minuten bei meinem Vater gewesen war, obwohl ich das liebend gern vermieden hätte, und seine Hand gehalten hatte, half mir dabei, Abschied zu nehmen und überhaupt zu verstehen, dass er tot war. Den ersten Schritt der Konfrontation hatte ich also gemeistert, denn typischerweise leugnen Menschen schlimme Ereignisse erst einmal, bevor sie mit deren Verarbeitung beginnen – das ist wohl eine Art Selbstschutz. Jedoch reicht es nicht zu realisieren, dass jemand tatsächlich gegangen ist – anschließend sollte man das Geschehene auch verarbeiten. Ich arbeitete damals an der Universität Amsterdam, und als ich dorthin zurückkam, erwartete man, dass ich sofort wieder meinen Sechzehn- bis Achtzehn-Stunden-Tag aufnahm. Zeit zum Trauern war nicht vorgesehen. Eine Kollegin erklärte mir unumwunden, dass man Trauerphasen von mehr als zwei Wochen als Depression bezeichnen müsse. Ich weiß nicht, was mich antrieb, aber ich passte mich an. Vor allem Männer (aber nicht nur!) sind ja geneigt, ihre Emotionen unter Arbeit zu begraben. Ich schrieb meine Artikel, leitete das Kurt-Lewin-Institut, beantwortete meine vierhundert E-Mails am Tag und führte internationale Kollegen durchs bunte Amsterdamer Nachtleben. Pflichtbewusst und fleißig, sagte ich nichts ab – bis zum Zusammenbruch. So hätte es Freud vorhergesagt: Wenn du Trauer unterdrückst, kommt irgendwann deine Seele nicht mehr mit. Wir werden aber später sehen, dass dies nur ein Teil der Wahrheit ist, denn immerwährend und dauernd zu trauern kann ebenfalls schwächen. Außerdem war die eigentliche Ursache für meinen Burn-out nicht die Trauer an sich oder dass ich sie unter Arbeit begrub, sondern die Trauer in einem eher befremdlichen Arbeitsumfeld, verbunden mit wenig Freunden in einer fremden, kalten Stadt – ein wahrer Giftcocktail.

Konfrontation, und das ist ein Mechanismus, der Freuds fantasievolle Betrachtungen überlebt hat, führt irgendwann zur Gewöhnung, oder besser, zur Akzeptanz.

Eine Freundin berichtete mir, dass sie nicht über eine Abtreibung hinwegkomme, die sie mit siebzehn hatte durchführen lassen. Zwar stand sie immer noch zu ihrem Entschluss: »Damals hätte ich keinen anderen Ausweg gewusst. Ich fühlte mich auch nicht schuldig. Aber leicht war es natürlich trotzdem nicht.« Dennoch ließ sie dieses Erlebnis nicht los. Das ging so weit, dass sie ständig krank war, Magenschmerzen und Migräne hatte. Mittlerweile war gar ihre Arbeit gefährdet. Sie hatte schon ein paar Therapiestunden bei wechselnden Therapeutinnen genommen, die allerdings kaum etwas bewirkt hatten. Schließlich empfahl ihr eine Therapeutin, einen Brief an das abgetriebene Kind zu schreiben. Die Freundin hat nicht nahe am Wasser gebaut, aber als sie mir ihren Brief vorlas, musste sie dauernd weinen – und ich gleich mit. Sie hatte all ihren Schmerz in diesen Brief gelegt.

»Was sollst du jetzt damit machen? Dir scheint es ja nicht grad gut damit zu gehen«, bemerkte ich und reichte ihr ein Taschentuch.

»Doch, doch«, lächelte sie, »hättest mich mal vor einem Monat sehen sollen.« Sie schniefte. »Die Tränen tun irgendwie gut. Der Druck ist raus.«

»Und wie geht's weiter?«, wollte ich wissen.

»Ich soll den Brief so oft lesen und auch Leuten laut vorlesen, bis es nicht mehr wehtut.«

»Na ja, das scheint mir, ehrlich gesagt, noch nicht gelungen zu sein ...«

Wieder lächelte sie. »Hast du eine Ahnung. Dass ich weine, ist vollkommen okay, finde ich jedenfalls, und was du dazu sagst, das interessiert mich, ehrlich gesagt, nicht. Ich habe ja keine Frage an mich oder dich, sondern ich will einfach darüber hinwegkommen. Ich merke, dass ich immer weniger weine. Immer weniger heftig. Und wenn ich irgendwann einmal nicht mehr weine, dann ...«

»Ja, was dann?«

»Dann verbrenne ich ihn.«

Was mir an diesem therapeutischen Prozess gut gefiel, war die Tatsache, dass die Maßnahme gut auf die Klientin zu passen schien. Sie erschien ihr sinnvoll. Sie antwortete auf meine Fragen selbstbewusst und gab mir das Gefühl, dass sie genau wusste, was ihr helfen würde. Sie hatte den Prozess in der Hand. Als ich sie ein paar Monate später traf, sagte sie: »Bevor du mich fragst: Ich habe den Brief inzwischen verbrannt. Es hat lange gedauert. Der Schmerz wurde aber immer weniger. Ich kann jetzt gut schlafen.«

Merkwürdigerweise ist das Thema Abtreibung bis heute heikel. Ich stelle gerade deshalb dieses Beispiel gern in meinen Seminaren vor. Schnell kommen die Studierenden mit ihren eigenen Vorstellungen, was das Richtige ist: »Abtreibung geht ja gar nicht«, »Man kann doch eine Sünderin nicht erleichtern«, »Das ist doch Hirnwäsche« – bei diesem Thema kriegen Sie (immer noch!) die ganze Bandbreite persönlicher Überzeugungen zu hören. Wenn man eine betroffene Klientin therapiert, geht es jedoch allein um *ihre* persönliche Meinung und darum, was *sie* will. Therapie ist kein Eingriff, sondern eine Begleitung. Wenn die Klientin uns den Auftrag gibt zu bewerkstelligen, dass sie mit der Abtreibung gut leben kann, dann schauen wir, ob das in unser Wertesystem passt, und wenn es passt, dann begleiten wir sie in diesem Prozess. Wenn sie irgendeine Schuld büßen will, die sie eventuell spürt (was im vorliegenden Fall nicht vorlag), würden wir ebenfalls schauen, ob das in unser Wertesystem passt, und nur im gegebenen Fall ihren Prozess begleiten. Wir helfen ihr also, sich gut zu fühlen, vorausgesetzt, dass wir diesen Prozess mit verantworten können. Jedenfalls als systemische Therapeuten. Ich gehe noch weiter und baue eine Konfrontation nur dann ein, wenn die Klientin oder der Klient glaubt, es aushalten zu können, und es wirklich aus freien Stücken probieren will. Den Klienten das Ruder in die Hand zu geben, muss man natürlich trainieren – am Anfang der Ausbildung will man Leuten gern weismachen, was man selbst für richtig hält –, eine Therapieausbildung bedeutet aber zu lernen, sich selbst in den Dienst der Klienten zu stellen.

Im Allgemeinen bin ich selbst ein Fan von Konfrontationsritualen wie Briefe verbrennen, Papierschiffchen mit Nachrichten auf den Rhein schicken oder dem Chef heimlich ans Fahrrad pinkeln. Ich habe die Kraft solcher Metaphern häufig beobachten können. Sich annähern, indem man durch Briefeschreiben, Malen oder andere Hilfen auf Konfrontationskurs mit der Krise geht, fand ich für diejenigen hilfreich, die sich bewusst darauf einließen und spontan Gefallen daran fanden. In diesen Fällen wird das Problem zwar häufig nicht direkt angegangen (wenn etwa die Briefe nicht abgeschickt werden), aber es wird durch die symbolische Verarbeitung zum Thema gemacht, man konfrontiert sich damit, gewöhnt sich daran und kommt durch die ungewöhnliche Therapieform häufig auf andere, innovative Gedanken.*

Allerdings sollte der Therapeut das gemeinsam entwickelte Ziel bei solchen Handlungen deutlich machen: »Du wirst irgendwann nicht mehr darunter leiden!«, »Du wirst deinen Hassbrief verbrennen, und dein Hass wird weniger werden!«, »Wie der Luftballon mit deinen Sorgen in die Luft steigt und irgendwann platzen wird, so verpuffen auch deine Selbstzweifel.« Aber Achtung, es ist wie bei einer Märklin-Eisenbahn, die immer im Kreis fährt: Nichts verschwindet vollkommen. Erinnerungen werden nicht einfach gelöscht, schlimme Ereignisse lassen sich nicht einfach ausradieren. Der Zug kommt immer wieder einmal vorbei und macht Krach und stinkt. Wir machen Erfahrungen, natürlich auch negative, und irgendwann, wenn wir schon glauben, wir hätten sie längst bewältigt, holen sie uns wieder ein. Ziel ist es nicht, dass die Erlebnisse sich vollkommen und für immer in Luft auflösen. Ziel ist es, dass sie schnell wieder weiterfahren, dass sie uns nicht zu sehr belasten, dass wir ihnen schnell einen Sinn geben können, dass sie uns nicht krank machen. Meine Freundin denkt seit dem Verbrennen des Briefes nicht lächelnd an die Abtreibung zurück. Sie wird auch noch ab und zu weinen, aber immer seltener, und sie wird

---

* Wer Gefallen daran findet, dem seien die Schriften eines meiner berühmtesten Kollegen, Milton Erickson, ans Herz gelegt. Er ließ Sekretärinnen Kirschsteine durch Zahnlücken spucken und dergleichen mehr …

sich schneller darauf besinnen, dass es damals eine nachvollziehbare Entscheidung war.

Sich annähern bedeutet manchmal auch, das Eigentliche aufzugeben, um Neues zu planen. Damit meine ich Folgendes: Wenn Ihnen beruflich der Boden unter den Füßen weggezogen wird, dann hilft es womöglich nichts, Schweiß, Blut und Tränen in ebendiesen Job zu investieren, sondern ist es vielleicht besser, sich einen anderen zu suchen. Statt zu klammern, zu jammern, in der Ecke zu sitzen und zu heulen oder anfangen zu trinken, sollte man loslassen und sich auf einen anderen Weg begeben, um sich dem allgemeinsten aller Lebensziele anzunähern: irgendwo nützlich zu sein.

Manchmal muss man sich vom Gewohnten und Erhofften lösen, um neu anzukommen. Dafür braucht man einen Plan B. *Plan* bedeutet: Nachdenken und dann agieren. Ärmel hochkrempeln. Tun. Ich weiß, das geht nicht immer, aber den Gedanken irgendwo im Hinterkopf zu haben, dass man, wenn man völlig am Ende ist, wieder etwas anpacken *kann*, ist hilfreich. Wie oben angesprochen, ist Selbstkomplexität hilfreich, das heißt, wenn man mehrere Teile des Selbst ausbaut, kann man Misserfolge in einem Bereich des Selbst besser kompensieren. Andere Teile des Selbst helfen beim Ausbau und der Verwirklichung von Plan B. Wenn Sie zum Beispiel alles auf Ihre Beziehung setzen, Ihren Beruf darüber vernachlässigen und sich auch von Ihren Freunden abschotten, dann wird es schwierig, wenn es in der Beziehung kriselt. Ebenso kann ein alleiniger Fokus auf einen bestimmten Beruf eine Sackgasse sein. In beiden Fällen haben Sie nur einen einzigen Lebensentwurf und keinen Plan B. Ein Plan B erfordert eine gewisse Kreativität, und die ist, wie unsere Forschung immer wieder zeigt, besonders lebhaft, wenn wir uns sicher fühlen und wenn es uns gut geht. Dies bedeutet, Alternativen sollten entwickelt werden, *bevor* es einem schlecht geht. Man sollte sie dann möglichst schon in der Tasche haben.

Ein solcher Plan B ist nicht nur für Krisenzeiten nützlich. Viele von uns sehen ja inzwischen ein Leben nicht mehr als einen Zustand, in dem man von der Pubertät bis zum Lebensende verharrt. Wir wechseln unsere Beziehungen häufiger als früher, verlassen und werden verlassen, und viele orientieren sich selbst im Alter beruflich noch einmal neu. Manchmal kommt das ganz unerwartet. So war einer meiner Freunde beispielsweise fast zwanzig Jahre lang glücklich mit seiner Stelle im betreuten Wohnen. Das sei zwar etwas langweilig, aber wenig stressig und würde gut bezahlt. Umso erstaunlicher fand ich es dann, als er sich mit fünfundvierzig Jahren plötzlich in einer Sinnkrise befand. Auf einmal reichte ihm sein Leben nicht mehr, und die Stelle erschien ihm viel zu eintönig: Das sollte es jetzt gewesen sein? Ich konnte diesen Freund recht gut beraten, weil er einige Ausbildungen nebenher gemacht hatte, »einfach so, weil es mir sonst zu langweilig geworden wäre«. Darunter eine Ausbildung zum systemischen Therapeuten, Kurse in Hypnotherapie, ein Heilpraktikerschein, ein Praktikum in New York, und außerdem schrieb er für verschiedene kleine Zeitschriften. Einfacher konnte ich es als Coach nicht haben – der Kerl hatte bereits alles für einen Plan B in der Tasche und brauchte nur etwas Mut und ein Wochenendtraining bei der Handelskammer zum Thema Selbstständigkeit, um eine eigene Praxis zu eröffnen.

Manchmal muss man seine Träume auch schlichtweg begraben. Mit zwanzig kann man kein Kinderstar mehr werden, mit fünfunddreißig keine Profifußballerin oder Balletttänzer am Theater.* Allein sich dessen bewusst zu werden kann eine Krise verursachen. Dies geschieht ja oft in der Midlife-Crisis: Man denkt, man habe den größten Teil des Lebens hinter sich, und blickt zurück auf das, was man alles *nicht* geschafft hat. Wenn etwas »gelaufen ist«, sollte man keine Energie mehr darauf verwenden. Stattdessen sollte man sein Ziel ändern. Der Entwicklungspsychologe Jochen Brandstädter, bei dem ich in Trier noch gelernt habe, unterschied zwischen *Assimilation* und *Akkomodation*. Assimilation bedeutet, dass ich alles versuche, um mein Ziel zu erreichen. Dies geschieht vor allem in jungen Jahren, wenn vieles prinzipiell noch erreichbar ist, man durch Training, Ausbildung und Networking seine Chancen erhöhen kann, um irgendwann dort anzukommen, wo man immer hinwollte. Je älter man wird, so Brandstädter, desto öfter muss man mit Themen abschließen. So wird es zunehmend schwierig, körperliche und geistige Höchstleistungen zu bringen. Um nicht fortlaufend frustriert zu werden, sollte man irgendwann anfangen, sich mit weniger zufriedenzugeben, also andere, eher erreichbare Ziele zu verfolgen. Hier ist also einmal der *innere Erwachsene* gefragt, der das träumende Kind an

---

* Achtung, bei Pina Bausch konnten auch über Siebzigjährige noch für die weltweiten Aufführungen des Tanztheaterstücks »Kontakthof« gecastet werden – ich rede an dieser Stelle lediglich von Wahrscheinlichkeiten, nicht von unumstößlichen Fakten.

die Hand nehmen muss und sagen: »Du hast alles versucht, aber du bist nicht der beste Opernsänger der Welt geworden. Sei stolz auf das, was du geschafft hast, und finde dich damit ab, sonst wirst du darüber nur traurig. Traurig kannst du sein, wenn dir das Spaß macht, aber normalerweise gehört es nicht zu einem guten Leben, und ein gutes Leben hast du verdient.« Als ich diese Theorie das erste Mal mit Anfang zwanzig Jahren hörte, verstand ich sie kaum: »Aufgeben? Wovon redet der! Ich werde auch noch im hohen Alter rank und schlank sein und Bücher schreiben. Ich werde der fitteste Opa ever, ohne Zweifel.« Wenn man dann die ersten Zipperlein hinter sich hat, wenn man sieht, wie ungerecht die Welt manchmal ist und dass man auch Glück im Leben braucht, dann wird man bescheidener. Oder weiser. Krisen, so kann ich für mich sagen, haben mich erst weise werden lassen. Sie haben mir Grenzen aufgezeigt und mir gleichzeitig bewusst gemacht, dass ich ganz andere Dinge schaffen kann. Ich habe zum Beispiel meinen Krebs besiegt. Ich habe einen Skandal überlebt, den nicht viele überlebt hätten. Weisheit bedeutet, zu würdigen, was man geschafft hat, und bedeutet gleichzeitig, einige Ziele aufzugeben. Für mich persönlich ist es auch weise, weiter zu träumen, solange man realisiert, dass es sich um Träume handelt, um Fantasien.

Andererseits leben wir in einer satten, reichen Welt und in einem freien Staat, in dem wir uns selbst verwirklichen dürfen und in dem auch einem über Fünfzigjährigen viele Förderungs- und Ausbildungsmöglichkeiten zur Verfügung stehen. Meine Vorlesungen besuchen einige Senioren, die gar nicht daran denken, sich einschüchtern zu lassen oder ihre Träume aufzugeben. Sie schreiben hervorragende Texte und arbeiten ehrgeizig auf ihr Ziel hin: eine Praxis, eine Stelle in der Jugendhilfe, der Paarberatung, in der Wirtschaft oder im Marketing. Diese Studierenden mag ich besonders, weil sie genau wissen, was sie wollen, und weil sie die Ausbildung ganz anders wertschätzen als die jüngeren, die vieles als selbstverständlich hinnehmen. Auch mit über fünfzig haben wir noch viel Leben vor uns!

Aktion, Annäherung, Konfrontation – ist das in jeder Situation die Methode der Wahl? Wie oben angesprochen, klingen Vermeidung, Unterdrückung, Flucht oder defensives Verhalten nicht besonders richtig oder gesund. Neuere Forschung und persönliche Erfahrungen beim Coaching rücken jedoch die Vorteile der Vermeidung ins Licht.

So zeigt die Psychologin Margaret Stroebe beispielsweise, dass bei Trauernden die ständige Konfrontation zu Erschöpfungszuständen führen kann. Eltern, die um ein gestorbenes Kind trauern, Menschen, denen der geliebte Partner entrissen wurde – bei ihnen kann das Leid so groß sein, dass es sie sprichwörtlich auslaugt und sie krank darüber werden können. Margaret Stroebe rät in diesen Fällen zu einer *Balance* zwischen Annähern und Vermeiden. Weder die reine Vermeidung noch die alleinige Konfrontation bringen den Trauernden ins Leben zurück, sondern eine schonende Verarbeitung der teils traumatischen Ereignisse, die von Ablenkungen und Zerstreuungen unterbrochen wird. Sogenannte Burn-outs nach Todesfällen sind gar nicht so selten, das ist auch den Krankenkassen bekannt, und so wird Trauerpatienten in Deutschland in speziellen Kuren in Kurkliniken geholfen. Als meine Mutter nach vier Jahren Dauerpflege plötzlich allein leben musste – zudem wohnten ihre Kinder nicht um die Ecke –, war sie am Ende ihrer Kräfte. In einer Kurklinik konnte sie mit geschultem Personal sprechen und sich mit Patienten austauschen, denen Ähnliches widerfahren war. Die Klinik schien die Ratschläge von Margret Stroebe integriert zu haben. Neben Gesprächen über den Tod und die Trauer gab es nämlich immer wieder Freizeitaktivitäten, die die Patienten frei wählen konnten, wie Malerei, Töpfern, Konzertbesuche, Touren zu Sehenswürdigkeiten. In diesen Zerstreuungsphasen konnten die Trauernden Kraft schöpfen, die Batterien wieder aufladen, und am Ende der Kur konnte sie sogar wieder an ihre eigene Zukunft denken – was anfangs gar nicht möglich gewesen war.

Es gibt andere Beispiele für die kräftigende Wirkung der Vermeidung. Als ich mit den Vorwürfen der Universität Amsterdam konfrontiert wurde und diese Nachricht in Windeseile durch die vor allem niederländische Presse ging, twitterten und bloggten Kollegen anonym auf das Übelste im Internet. Nicht selten vergriffen sie sich im Ton, nannten mich einen Betrüger, einen Hochstapler und forderten meine Entlassung, Gefängnisstrafen oder legten mir gar nahe, mich umzubringen. Letztendlich wurde das Verfahren gegen mich vor dem Ehrengericht der Deutschen Gesellschaft für Psychologie eingestellt. Die statistischen Analysen, auf denen die Vorwürfe gegen mich beruhten, waren nicht korrekt ausgeführt worden, und es gab keinen Beweis für irgendein Fehlverhalten meinerseits. Aus der Distanz kann ich über das Verhalten der Kollegen nur den Kopf schütteln, damals aber konnte ich keine Nacht schlafen, saß wie festgeklebt vor dem Computer und las all diese Blogs, in denen sie mich beschimpften, in den Schmutz zogen und Lügen über mich verbreiteten. Offensichtlich wollten sie mich vernichten. Ich erfuhr, dass sogar Freunde darunter waren und Kollegen, denen ich mit meinen Gutachten zu ihrer Stelle verholfen hatte. Verrat, Diffamierung, soziale Ächtung, alles ohne Vorankündigung – mir war der Boden unter den Füßen weggezogen, die Situation war vollkommen außer Kontrolle geraten, und ich saß hilflos vor dem Bildschirm, der mir im Minutentakt immer neue infame Lügen präsentierte.

Meine Haustherapeutin schüttelte nur den Kopf, als ich ihr von den Blogs erzählte.

»Das ist ja furchtbar!«, sagte sie mit weit aufgerissenen Augen.

»Ja, sie fallen wie die Tiere über mich her.«

»Ja, und die nennen sich Psychologen – widerlich. Aber das meinte ich gar nicht. Furchtbar ist doch, dass du den Dreck überhaupt liest.«

»Ja, aber was soll ich denn sonst machen?«

»Na, nicht lesen. Oder bringt dir das etwas? Inhaltlich? Für die Wissenschaft?«

»Nein, aber ich muss doch informiert darüber sein, was über mich geredet wird.«

»Wer in aller Welt fordert denn von dir, dass du dir Lügen über dich durchliest? Und welcher Psychologe wäre so dumm, dir zu raten, den Mist zu lesen?«

»Aber ich kann das doch nicht ignorieren!«

»Warum solltest du das nicht können? Willst du es dir denn partout schlecht gehen lassen?«

»Moment mal, die sind es doch, die mich schlecht behandeln! Ich habe damit nichts zu tun. Ich habe jahrelang hart gearbeitet, habe sorgfältiger gearbeitet als die meisten anderen, und jetzt wird alles in den Schmutz gezogen.«

»Die sind neidisch. Wenn man an der Spitze ist, so wie du, dann wird die Luft dünn. Glaub doch nicht, dass du so viele Freunde hattest. Die waren natürlich interessiert an deinem Ruhm, deinen schönen Gutachten für sie und am Ende auch noch an deinem Forschungsgeld. Neid ist menschlich. Du kannst nichts dagegen tun. Du kannst nur das Internet abschalten und dich um dich selbst kümmern. Dir geht es doch so nicht gut, oder?«

»Nein.«

»Schau, jeder ist für seine Stimmung selbst verantwortlich. Du bist übrigens nicht der Einzige, dem so etwas passiert. Diese Shitstorms werden immer mehr. Du hast doch ein paar betroffene Klienten. Was rätst du denen?«

»Ich mache das so, wie du es mir mal erzählt hast, als ich einen Klienten hatte, bei dem ich nicht weiterwusste. Den habe ich dann gefragt, wie er es fände, ein paar Wochen in die tiefste Eifel zu fahren, dahin, wo es kein Internet gibt und keine *Wirtschaftswoche* oder *Handelsblatt*. Ob er nicht mal wandern gehen wolle, gute Bücher lesen, gut essen und den Skandal aussitzen.«

»Und hat er das gemacht?«

»Ja. Und es hat geholfen.«

Vermeidung als therapeutische Empfehlung? Meine Supervisorin ist eine der besten ihrer Zunft, ihre Patienten schwören auf sie, und sie lag auch in meiner Sache vollkommen richtig – einen Shitstorm kann man nur dann nicht vermeiden, wenn man sich hineinstellt. Natürlich war es nicht ganz leicht für mich, die Hassseiten gar nicht mehr aufzusuchen. Natürlich befürchtete ich, dass ich die eine oder andere nützliche Information verpassen könnte. Dieses Problem löste ich, indem ich Freunde bat, die Blogs zu lesen und mir nur mitzuteilen, was ich unbedingt wissen musste. Und das war recht wenig. Der Internetentzug stärkte mich tatsächlich – und nach einer Woche Moselwanderungen hatte ich sogar wieder etwas zugenommen, sah gesund aus und konnte mich daranmachen, die statistischen Analysen zu widerlegen.

Seitdem empfehle ich solche »Entzugskuren« auch meinen Klienten. Allerdings mit Einschränkungen: Es gibt ja durchaus Klienten, die hoch verschuldet sind und alle Rechnungen ungeöffnet wegwerfen. Das ist sicherlich keine gute Vermeidungsstrategie, denn sie verstärkt das Problem nur. Es geht mir beim Vermeiden darum, sich vor selbstwertschädigenden Informationen zu schützen, die einen lediglich schwächen und nicht weiterbringen. Gut ist es, wenn man Freunde hat, die Informationen filtern können. So habe ich einer Klientin geraten, die täglichen Briefe ihres Ex-Mannes, die ständig zwischen Hass, Vorwürfen, Beleidigungen und der Bitte, zu ihm zurückzukommen, wechselten, zunächst ihrer besten Freundin zum Lesen zu geben. Die entschied dann, welche Briefe die Klientin zum Lesen bekam, oder fasste kurz zusammen, was darin stand. Solche Vermeidungstaktiken helfen die schlechten Emotionen, die sonst ständig entstehen würden, in Grenzen zu halten und verhindern eine Schwächung des Selbstwerts durch die Attacken.

Vermeidungsstrategien, so wie ich sie einsetze, bedeuten nicht, dass man das Problem völlig aus den Augen verliert. Man lenkt sich nur für eine Zeit lang ab, um »es sich nicht dauernd schlecht gehen zu lassen«, wie meine Haustherapeutin so schön sagt. Um Kraft zu schöpfen. Vermeidungsstrategien kann man auch bei schlimmen Krankheiten einsetzen. Wenn Sie Krebs haben, nützt es niemandem, wenn Sie sich dauernd damit beschäftigen und sich durch Sorgen und Ängste nur weiter schwächen. Ich hatte gerade nach drei Jahren Dauerstress durch den Skandal das Gefühl, langsam durchatmen zu können, als der Hautarzt mir mitteilte, dass ich einen Knoten im Gesicht operieren lassen müsste. Es gäbe keine Alternative, das sei eindeutig Krebs. Ich habe oben bereits kurz davon erzählt, aber neben dem Beten hat mir, so glaube ich, auch das Vermeiden geholfen. Ich hatte nämlich überhaupt keinen Nerv, mich nun auch noch mit meinem Tod auseinanderzusetzen, und beschloss, das Ganze zu ignorieren. Tagelang dachte ich tatsächlich nicht daran, verleugnete den Befund schlichtweg, arbeitete und plante Urlaube – und der Krebs, oder die Angst davor, schaffte es nicht, mir auch nur eine einzige schlaflose Nacht zu bereiten. Dann allerdings redete mir eine Bekannte mit ähnlichem Krebs ins Gewissen. Ich solle das doch dringend angehen. Statt zum Arzt ging ich allerdings zunächst zu meiner Beraterin, von der ich wusste, dass sie einige Krebspatienten betreute. Sie riet zu einer Mischung aus Konfrontation und Aufdie-leichte-Schulter-Nehmen. Ich sollte einmal am Tag mit meinem Krebs sprechen, als wäre er eine Person. Ihn fragen, warum er ausgerechnet mitten im Gesicht säße und warum er gerade jetzt auftauche. Ich sollte ihn alles fragen, was mir in den Sinn käme. Ich fand das zunächst komisch, aber befolgte den Rat und fand die Gespräche mit meinem Krebs durchaus aufschlussreich. Nach jedem Austausch verabschiedete ich mich von dem kuriosen Gast und vergaß ihn wieder, so wie ich auch nicht nachts über Studierende nachdenke, die nachmittags in meiner Sprechstunde waren. Ich konnte weiterhin gut schlafen – der Krebs kam allein zu meinen selbst gewählten Terminen, erzählte, was er von mir wollte, und ließ mich den restlichen Teil des Tages in Ruhe. Nebenher besuchte ich meine Heilpraktikerin, die mein Immunsystem stärkte, aß gut, ging wandern, trieb Sport, betete. Der Knoten im Gesicht wurde sichtbar kleiner. Trotzdem rieten mir mehrere Hautärzte, den Krebs herausschneiden zu lassen. Murrend ließ ich mich schließlich darauf ein. Drei Wochen nachdem das Stück Fleisch, das man mir herausgeschnitten hatte, durch verschiedene Labore gewandert war, teilte man mir mit, dass man darin keine Krebszellen mehr gefunden hat.

Was zu der wundersamen Heilung geführt hat, ist kaum herauszufinden. Ich denke aber, dass die Maßnahmen, also weitgehende Vermeidung, gepaart mit einer direkten Konfrontation (mit dem Krebs sprechen) und den heilpraktischen Behandlungen, mein Immunsystem so gestärkt haben, dass der Krebs wenigstens dieses Mal den Kürzeren ziehen musste.

Um es klar zu sagen: Ich rate Ihnen dringend, sich

bei Krebs schulmedizinisch behandeln zu lassen, mein Fall ist nicht aussagekräftig und kann nicht verallgemeinert werden. Jedoch bin ich genauso davon überzeugt, dass ein gutes Immunsystem Heilung bewirken kann. Angst und Sorgen sind schlechte Heiler – wenn es einem irgendwie gelingt, und sei es durch Verdrängung oder Ablenkung, positiv zu denken, dann wirkt das sicherlich unterstützend.

Die Rolle der Ablenkung bei der Emotionsregulation findet derzeit auch Beachtung in der Forschung. Allen voran ist Gal Sheppes von der Universität Tel Aviv zu nennen, der in seinen Studien Ablenkung bei der Konfrontation mit emotional belastenden Bildern oder Filmen untersucht hat. Er bat einige seiner Versuchspersonen, sich durch Gedanken abzulenken, die nichts mit dem gruseligen Film zu tun hatten, den sie sich anschauen mussten. Er verglich diese Ablenkung mit einer anderen wirksamen Technik, auf die ich im nächsten Kapitel zu sprechen komme – der aktiven Uminterpretation von Ereignissen. So kann man sich zum Beispiel sagen: »Das, was ich da sehe, ist ja nur ein Film« oder »Dustin Hoffmann spielt den Trauernden wirklich gut«. Beide Techniken, Ablenkung wie Uminterpretation, helfen, sich nicht so stark herunterziehen zu lassen. Man könnte meinen, dass die Uminterpretation, also die aktive Neubewertung, hilfreicher bei der Verarbeitung unangenehmer Gedanken sein müsste. Jedoch hatte im Gegenteil die Ablenkung einen klaren Vorteil, vor allem bei sehr stark belastenden Filmen: Wenn die negativen Emotionen als sehr intensiv empfunden wurden, wirkte Ablenkung besonders gut. Sheppes fand zudem heraus, dass man für die Ablenkung weniger Konzentration braucht als für die relativ aufwendige Umbewertung.*

Solche Befunde kann man auf Krisensituationen anwenden, die ja meistens von heftigen negativen Gefühlen begleitet werden. Ablenkung ist vielleicht nicht immer das Beste, wenn jedoch die Stimmung so intensiv und schlecht ist, dass sie Körper und Seele extrem belastet, dann sollte man versuchen, für eine gewisse Zeit aus diesem schädigenden Teufelskreis herauszutreten.

---

* Für Leser, die meine frühe Forschung mit Tory Higgins kennen, sei hinzugefügt, dass ich schon in den Neunzigerjahren in Studien gezeigt habe, dass Vermeidungsstrategien auch Vorteile haben: Menschen, die chronisch vermeiden und generell Problemen gern aus dem Weg gehen, können durchaus gute Leistungen erbringen. Sie sind häufig vorsichtiger als Menschen, die eher Neues mögen und Risiken eingehen, aber Vorsicht ist ja manchmal recht hilfreich.

12
KRISEN EINEN SINN GEBEN

Im Chinesischen werden abstrakte Begriffe oft aus zwei Schriftzeichen zusammengesetzt. Krise wird mit *weiji* 危机 übersetzt. *Wei* 危 heißt Gefahr, *ji* 机 Gelegenheit. So beginnen viele Bücher über Krisen. Im griechischen Wortstamm *krinein* steckt das Wort »scheiden« oder »Wendepunkt« – auch da bedeutet Krise nicht allein eine Katastrophe, sondern beschreibt, etwas neutraler, einen Neuanfang. Mediziner scheinen sich dessen zu bedienen, sie bezeichnen mit Krise das Stadium einer Infektion, in der das Fieber schon wieder zu sinken beginnt. Sie ist also weder gut noch böse, sondern beides, vielleicht sogar sinnvoll. Ist das bei Ihnen so? Sehen Sie irgendetwas Gutes, irgendeinen Sinn in Ihrer Krise?

Ich erinnere mich, dass ich, als ich richtig in der Scheiße steckte, solche Sätze abgehoben, zynisch und sogar beleidigend fand. Man fühlt sich irgendwie nicht ernst genommen, wenn jemand einem sagt: »Wirst sehen, wie gut das ist, dass du gerade durch die Hölle gehst.« So reagierte ich trotzig: »Was soll mir das helfen, wenn man in China angeblich Wörter anders gebraucht als ich momentan? Das interessiert mich haargenau so wenig, wie wenn in China ein Sack Reis umfällt.«

Allerdings regte sich auch ein ganz kleiner Teil in mir, der zustimmte. Der fühlte, dass dies ein Wendepunkt oder sogar ein Neuanfang sein könnte. Lesen Sie dieses Kapitel nur, wenn Sie wenigstens ein leises Gefühl haben, dass Ihre Krise eine Chance oder für irgendetwas gut sein könnte. Ansonsten legen Sie jetzt das Buch weg und warten, bis es Ihnen ein wenig besser geht.

Tatsächlich glaube ich nicht daran, dass schlechte Ereignisse einen Sinn *haben* – sie sind einfach nur schrecklich, und darüber kann man weinen, man sollte sich dagegen auflehnen, man darf schreien, fluchen und jammern, und man darf sie ignorieren. Aber wir können dem Furchtbaren einen Sinn *geben*. Wir Menschen sind in der Lage, uns die Zukunft vorzustellen; Tiere können das nach Ansicht der Biologen nicht. Das bedeutet, wir können uns vorstellen, wie wir in ein paar Wochen, Monaten oder Jahren auf diese schrecklichen Ereignisse zurückblicken werden, sie also schon jetzt aus einem Abstand betrachten. Und wir können schon jetzt wissen, dass wir die schlimmen Gefühle dann nicht mehr so intensiv haben werden, denn so ist das immer mit Krisen: Sie gehen vorbei, das Negative schwächt sich ab, die Stimmung wird wieder steigen. Menschen sind wie kein anderes Lebewesen in der Lage, sich am eigenen Schopf aus dem Sumpf zu ziehen.* Wenn wir in der Krise stecken, haben wir das lediglich vergessen. Wir haben vergessen, was wir schon alles hinter uns haben, was wir bereits bewältigt und was wir alles schon geschafft haben – und das, was wir jetzt erleben, werden wir ebenfalls verkraften.

Wir sind zudem fähig, Neues zu beginnen, wenn das

---

* Manchmal geht das sogar automatisch, ohne jegliche Mühen, wie ich in meinem Buch »Unser Autopilot« beschrieben habe.

Leben uns dazu zwingt. Man könnte auch sagen: Wenn uns das Leben dazu *einlädt*. Das mag ebenfalls zynisch klingen, aber vielleicht ist das Leben ja manchmal nur etwas unhöflich und weiß nicht, wie man Einladungen ausspricht. Vielleicht gibt es uns deshalb manchmal einen Nackenschlag statt die Hand.

Meine Erfahrung mit Leuten, die ohne Verschulden um ihre Karriere gebracht wurden, ist, dass sie schon ein paar Monate später diese berufliche Krise als hilfreichen »Tritt in den Hintern« sehen konnten. Die wenigsten von uns arbeiten in perfekten Arbeitsumwelten, und eine Neuorientierung kann somit für viele ein guter Schritt zu einem besseren Leben sein. Vielleicht spüren Sie das schon an irgendeiner Stelle in ihrem Kopf oder in Ihrem Körper, und das ist vermutlich ein hilfreiches Gefühl, denn es ist eines, das in die Zukunft verweist.

Dasselbe gilt für Beziehungen. Manchmal ist eine Trennung, so traumatisch sie im Moment empfunden wird, ein wichtiger Schritt in ein besseres Leben. Tatsächlich ist es ja so, dass man aus Gewohnheit selbst in unschönen Verhältnissen verharrt und auch weiterhin, manchmal bis zum Lebensende, verharren würde, wenn nicht von außen jemand oder ein Impuls käme, der einen wachrüttelt, anstößt oder sogar rauswirft. Manchmal muss es besonders schlimm kommen, damit man sich bewegt. Systemische Psychologen sehen in Krisen die Herausforderung an den Betroffenen, etwas zu ändern. Unser bekanntes System, oder unser alltäglicher Trott, das, was wir gewohnt sind, und das, was wir »unser« Leben nennen, funktioniert nicht mehr, gerät ins Wanken. Wir müssen also irgendetwas anders machen, uns etwas anderes einfallen lassen und neue Wege gehen, um weiterleben zu können. Darum sehen Systemiker Krisen gern als Wendepunkt, als Neuanfang, den man als Coach begleiten kann. Wichtig ist es, den Klienten die Angst vor diesem Neuen zu nehmen, denn wir Menschen haben naturgemäß eine Scheu vor dem Ungewohnten, Unsicheren.*

Wenn man religiös ist, kann man sogar einen Sinn in jeglichem Leid entdecken. Man kann die Regentage als eine Prüfung oder Herausforderung betrachten, oder als Bewährungsprobe. In vielen Religionen sind Heilige und Religionsführer schmerzliche Wege gegangen und mussten harte Prüfungen bestehen, um zu ihrem Gott zu gelangen.

Wenn man nicht religiös ist, erinnert man sich vielleicht an Sprichwörter wie »Was uns nicht umbringt, macht uns stärker«, »Nur aus Leiden lernt man« oder »Wenn das Leben dir Zitronen gibt, mach Limonade«, die dem Ganzen einen Sinn geben könnten. Zwar glaube ich nicht, dass man *nur* durch Leiden lernt oder *immer* durch Leiden lernt, aber es stimmt schon, dass einen negative Erfahrungen in besonderem Maß prägen und dazu aufrufen, seine althergebrachten Gedanken und Vorstellungen vom Leben zu überdenken. Lernerfahrungen gehen leider häufig auf miese Zeiten zurück.

Ich erinnere mich daran, wie ich einmal von einem

---

* Natürlich gilt das für einige von uns mehr als für andere, und natürlich sind wir in bestimmten Situationen neu-gieriger als in anderen. Ich habe über das Thema Neugier und Angst vor dem Neuen ausführlich geforscht. Unsere Forschung zeigt, dass wir in Zeiten der Verunsicherung weniger risikofreudig und neugierig sind und mehr Angst vor dem Neuen haben.

Lover verlassen wurde. »Verlassen« bedeutete in diesem Fall: Er verschwand, ohne auch nur ein Wort zu sagen. Ich war vollkommen am Ende und schwebte zwischen Verzweiflung und Hass. Durch diese Erfahrung habe ich gelernt, bei der Partnerwahl besser aufzupassen, und tatsächlich bin ich nun seit über zweiundzwanzig Jahren in einer wunderbaren Beziehung mit einem Partner, der mir jedes Mal einen Zettel schreibt, wenn er ohne vorherige Ankündigung einen Termin wahrnimmt oder mal eben für eine Stunde einkaufen geht (ich habe ihn übrigens niemals darum gebeten, ich habe mir lediglich einen fürsorglicheren Mann ausgesucht). Damals verlieh ich dem Ganzen einen Sinn, indem ich ein Theaterstück schrieb: »Und alle Lust will Ewigkeit« wurde in der Tuchfabrik in Trier aufgeführt, und die ausverkauften Vorstellungen zeigten mir, dass mein Thema offenbar nicht weit von der Erlebniswelt der anderen entfernt war. Die Leute verharrten fast vier Stunden auf ihren Sitzen, um alle Phasen dieser Beziehung zu durchlaufen. Wenn man Erlebtes als Künstler ausdrücken kann, ist das natürlich sehr befriedigend. In der künstlerischen Auseinandersetzung mit dem Geschehen erreichte ich die nötige Distanz, die mir half, die Krise zu überstehen. Im Übrigen, so zeigt die Forschung, führt auch Tagebuchschreiben zu dieser Distanz, das heißt, man muss sich nicht unbedingt an ein Kunstwerk machen, um einen ähnlichen Effekt zu erreichen. Besonders wichtig aber war mir die Erkenntnis, dass ich so etwas nicht noch einmal erleben wollte. Mir wurde klar, dass ich diese freiheitsliebenden und vollkommen unabhängigen Typen deshalb bewunderte, weil ich mich selbst noch nicht aus meinen Zwängen freigestrampelt hatte. Die Wahl von Beziehungspartnern, die mir letztendlich nicht guttaten, hatte also damit zu tun, dass ich bedürftig und unfertig war, und so beschloss ich, diesbezüglich an mir zu arbeiten. Wenn man einen Coach zurate zieht, wie ich es in Kapitel 4 beschrieben habe, sollte man auf jeden Fall nach der Krise noch eine Extrastunde dafür nutzen herauszuarbeiten, was man gelernt hat und wie man das in der Zukunft umsetzen kann – das hilft, daraus eine wertvolle Lernerfahrung zu machen. Der amerikanische Familientherapeut H. N. Wright verglich den Menschen mit einem Boxer, der niedergeschlagen wird und am Boden liegt. Mancher wird wieder aufstehen und sich genau auf dieselbe Stelle schlagen lassen. Und wieder zu Boden fallen. Derjenige, der das K.o. aber zur Lernerfahrung macht, steht auf, überrascht seinen Gegner mit einer vollkommen veränderten Taktik und gewinnt. Ein Coach kann helfen, neue Situationen, die einem bevorstehen, kreativ zu meistern, und er kann gemeinsam mit dem Klienten überlegen, wie man mögliche Fallen erkennen und umgehen kann.

Ein Mehrwert schrecklicher Ereignisse ist das dadurch steigende Mitgefühl. Hat man selbst etwas Furchtbares erlebt, kann man sich besser in die Gefühle anderer einleben. Das ist nicht nur für den Beruf des Therapeuten wichtig, sondern auch für den ganz normalen Alltag. Es wundert mich nicht, dass sich nach dem Skandal, den ich mitmachen musste, Klienten von weit her bei mir meldeten, um Rat einzuholen, wenn sie in ähnlichen beruflichen Krisen steckten. Immer wieder werden ja Menschen in Betrieben schlecht behandelt, von Kollegen verraten und verkauft und von falschen Freunden ausgeschlossen. Es fällt mir als Lehrstuhlinhaber auch nicht schwer, Mitarbeiter freizustellen, deren Liebste oder Liebster im Krankenhaus liegt, und mit ihnen gemeinsam zu überlegen, wie man das Versäumte ohne Burn-out aufholen kann. Der Tod meines eigenen Vaters hat mir die Augen geöffnet, wie schwirig es ist, neben unseren modernen Jobs Zeit für die Familie aufzubringen – selbst wenn es am nötigsten ist. Es fällt mir auch nicht schwer, Studierende zu verstehen, die durch eine Trennung ihre Klausur bei mir vergeigen, und mit ihnen gemeinsam abzuwägen, inwiefern eine Verlängerung des Studiums möglich ist oder ob eine Senkung des eigenen Anspruchs infrage kommt.

Tatsächlich ist es so, dass keinem von uns schreckliche Erlebnisse erspart bleiben. Die Einschüsse kommen immer näher, je älter man wird. Da stirbt ein Freund, da wird man selbst krank, da geht eine Firma pleite, da macht man einen schwerwiegenden Fehler, da hat man Freunde, auf die man sich nicht verlassen kann, da macht ein Kind Probleme, oder man entscheidet sich für den falschen Arbeitsplatz. Man kann aus dieser Scheiße Gold machen, indem man sie zum Anlass nimmt, daraus zu lernen, sich selbst zu optimieren, und indem man die eigenen Strategien verbessert und verfeinert. Mein Mann, der auf Nachhaltigkeit großen Wert legt, spricht dann immer vom Recyceln, und er ist ein Meister darin, vor allem beim Kochen: Eine versalzene Sauce kann eine gute Grundlage für eine Suppe bilden. Übrig gebliebene Brötchen werden zu Croûtons oder, gut getrocknet, zu Semmelbrösel, Fischköpfe zu einer Bouillabaisse, und wenn man fünf verschnittene Käsereste hat, kann man sie immer noch als Belag für eine Pizza verwenden.

Lassen sich die Geschehnisse irgendwie recyceln, irgendwie nutzen, kann man irgendetwas daraus lernen oder irgendetwas damit machen? Vielleicht ist es noch viel zu früh, diese Frage zu stellen, aber ich bin mir sicher, dass Sie etwas aus der Krise machen werden.

Manchmal ist auch eine Veränderung des Standards hilfreich. Eines der rätselhaftesten Phänomene während der Wirtschaftskrise waren die unzähligen Selbstmorde von Managern, die sehr viel Geld verloren hatten. Nun sind mir als Psychologen Selbstmorde nicht fremd, Therapeuten und Coaches fürchten sie regelrecht und wollen ihre Klienten davor schützen. Aber diese Selbstmorde gaben Rätsel auf, weil sie offensichtlich ohne gedankliche Vorbereitung (wie das bei Depressiven üblich ist) geschahen und von Menschen begangen wurden, die herausragend qualifiziert waren. Wenn sie Millionen verlieren konnten, dann hatten sie diese Millionen erst einmal irgendwann verdienen müssen. Und wenn sie das schon einmal geschafft hatten, hatten sie doch alle Talente und Ressourcen, es wieder hinzukriegen! Warum gerade diese erfolgreichen Alphamänner so irrsinnig verzweifelt waren, darf schon einmal gefragt werden.

Hier ein Erklärungsversuch: Ich denke – das ist Punkt eins –, dass sich die Leute in der Krise ihrer Talente nicht bewusst waren, sondern ihr Leben ausschließlich vom Ende her betrachtet haben. Auf den Riesenverlust blickend, sagten sie sich: »Ich kann nichts, ich bin nichts wert.« Der Psychologe Daniel

Kahneman erkannte diesen Fehler bei vielen seiner Versuchsteilnehmer. Befanden sie sich in einer miesen Lage, zum Beispiel beruflich, vergaßen sie die vielen guten Zeiten ihres Berufslebens und starrten stattdessen nur auf den vor ihnen liegenden Scherbenhaufen. Dies ist nichts Besonderes, denn in der Krise, ich sagte es bereits mehrere Male, nehmen wir einen Tunnelblick ein und fokussieren allein auf die schreckliche Situation – hier auf den völligen Bankrott. Man benötigt entweder gute Freunde oder einen guten Therapeuten, um Menschen in diesen Situationen daran zu erinnern, was sie schon alles geschafft und gemeistert haben und dass sie alles haben, um auch diese Situation zu überstehen. Ich habe oben von der Ressourcendusche gesprochen – in Krisensituationen ist es sinnvoll, sich alle Talente vor Augen zu führen, die man hat. Gut ist es, wenn man einen Zettelkasten mit all seinen Stärken bereithält, aus dem man sie dann nur noch herausholen muss.

Punkt zwei ist, dass zu einem Neubeginn häufig eine Veränderung der Standards gehört. Wenn man sich nicht vorstellen kann, Economy statt Business Class zu fliegen oder ein anderes Auto als einen Porsche zu fahren, oder wenn man denkt, ein Fünf-Euro-Shampoo führe unweigerlich zu Haarausfall, dann steckt man fest. Nach einer Krise muss man meistens kleinere Brötchen backen. Und das können wir auch. Wenn man ehrlich ist, braucht man den ganzen Schnickschnack sowieso nicht. Wir sind verwöhnt und könnten mit viel weniger leben. Die wenigsten von uns waren zeit ihres Lebens von Luxus umgeben – aber waren sie früher unglücklicher? Wenn man bereit ist, sein hohes

Anspruchsniveau zu verringern, dann überlebt man die ungewisse Zeit einfacher. Ich habe in meinem letzten Buch, »Was das Haben mit dem Sein macht«, gezeigt, dass wir unsere psychologischen Bedürfnisse auch mit Dingen befriedigen können, die uns gratis zur Verfügung stehen. Um ein Beispiel zu nennen: Wenn ich mich unsicher fühle, kann ich mir entweder etwas kaufen, das mir Sicherheit gibt, etwa einen besonders teuren Anzug für das anstehende fünfundzwanzigjährige Abitreffen, dem ich mit leichtem Bangen entgegensehe. Ich kann die Sicherheit aber auch in ausgeleierten T-Shirts und Jeans gewinnen, indem ich die Nacht vorher einen Spaziergang durch das Dorf mache, in dem ich aufgewachsen bin, und mir vor Augen führe, wie ich die Zeit dort überstanden, welche Hürden ich genommen habe und wie weit ich gekommen bin. Zusammengefasst, haben die Manager, die Selbstmord verübten, in ihrer Krise den Neuanfang, der auch in einem Bankrott steckt, nicht erkennen können oder wollen.

Manchmal ist es natürlich ausgesprochen schwierig, wenn nicht gar unmöglich, einen Sinn im Leid zu sehen. Ich kann, ehrlich gesagt, vielen Todesfällen keine höhere Bedeutung zusprechen. Es ist hundsgemein, wenn das Schicksal unvorbereitet zuschlägt. Vor ein paar Jahren hat sich ein guter Freund das Leben genommen. Ich weiß nicht, wofür das gut war. Ich denke, für nichts. Und doch stimmt das nicht ganz, denn in dem Moment, als ich es erfuhr, hatte ich eine Empfindung, die ich in dieser Schärfe noch nie zuvor gehabt hatte: »Und ich darf mich niemals selbst töten.« Der Satz schoss mir so laut in den Kopf, als hätte jemand neben mir gestanden und ihn mir ins Ohr gebrüllt. Ich wusste sofort, dass dieser Satz keine Reaktion auf ein Tabu oder irgendeine gesellschaftliche Regel war, die meine Freiheit einschränkt, kein »Das sollte *man* nicht tun«, sondern ein zutiefst empfundenes Nein zu einem Selbstmord meinerseits, ein »Egal, was kommt, *ich* werde das niemals tun«. So furchtbar der Selbstmord war, so lehrreich war er für mich persönlich. Manchmal kommen Erkenntnisse natürlich erst viel später, und der Geist sperrt sich, wenn das Schicksal zu heftig zuschlägt. Vermutlich ist auch Reife von Vorteil bei diesen Prozessen. Wenn man schon einiges mitgemacht hat, erschließt sich der Sinn von Leiden und Sterben eher.

Nach vielen Todesfällen in meiner Familie und im Bekanntenkreis erkenne ich mittlerweile einen allgemeinen Sinn im Sterben. Nicht auszudenken, wenn wir alle überleben würden oder irgendwann, sagen wir, alle hundertfünfzig würden. Wir *müssen* sterben, und das ist gut so – nach uns kommt etwas Neues. Wann wir sterben, haben wir nicht in der Hand (von Selbstmord abgesehen), aber auch das ist gut, denn so müssen wir uns nicht mit Entscheidungen diesbezüglich plagen. Solche Gedanken machen mir das Leben leichter. Ich habe dadurch die Angst vor dem Sterben verloren. Vielleicht hat mich das stark gegen den Krebs gemacht, vielleicht hat mich das davon abgehalten aufzugeben, als alles um mich herum zusammenbrach.

Es klingt pervers, aber ich habe so viel durch meine Krisen gelernt, dass ich mich fast dafür bedanken möchte. Durch sie habe ich jeden Aspekt des Lebens in meiner Lebenszeit erfahren. Liebe, Freundschaft, das Gute im Menschen, Erfolg, Wohlstand und die Entstehung eigener Ideen genauso wie das Böse, Tod, Selbstmord, Verrat, Konkurrenz, Neid, Arbeitslosigkeit, gesundheitlichen Zusammenbruch, die Beschädigung meiner Ehre und meiner Würde.

Ich fühle mich dadurch bereichert, voller, ganz. Irgendwo hatte das alles einen Sinn, und irgendwo wird immer eine neue Tür aufgehen.

Es wird auch für Sie weitergehen, da bin ich mir sicher.

NACHWORT

Wenn eine Tür zugeht, geht immer wieder eine andere Tür auf.

Ich habe Ihnen einige angelehnt.

Ich lade Sie dazu ein, durch die eine oder andere zu gehen.

Sie können es einfach mal versuchen.

Alles kann, nichts muss. *Sie* müssen nichts.

Sie müssen nicht einmal eine Lösung für Ihr Problem jetzt finden.

Vielleicht ist es ja noch zu früh.

Sie dürfen weinen und jammern und fluchen.

Sie dürfen auch mal vor dem Problem weglaufen.

Sie dürfen alles.

Wenn Sie mögen, sprechen Sie mit jemandem darüber, wenn nicht, suchen Sie sich einen Rückzugsort.

Sie dürfen sich um sich selbst kümmern.

Auch wenn die Krise etwas Neues von Ihnen fordert, so müssen Sie nichts überstürzen. Aber Sie können sich selbst stützen, sich selbst etwas Gutes tun, um Kräfte zu sammeln. Die zwölf Türen mögen Ihnen dabei helfen.

Sorgen Sie sich um sich.

Niemandem ist daran gelegen, dass Sie kraftlos sind.

Sie werden auch dies schaffen, weil Sie schon so vieles geschafft haben in Ihrem Leben.

Ich wünsche Ihnen ein schönes Leben!

DANKSAGUNG

Mein Dank geht an Thomas Tilcher, der mich bei Droemer Knaur so hervorragend beraten hat, und vor allem an Sabine Wünsch für das exzellente Lektorat.

Die erste Version war bereits durch die Hände von hervorragenden Studierenden an der Ruhr-Universität Bochum gegangen. Für die vielen Anregungen und Korrekturen möchte ich mich bei Sonja Kraensel, Hannah Klein-Reesink, Olga Skrebec und Julia Glauer herzlich bedanken. Manfred Nussbaum hat das Manuskript sehr genau unter die Lupe genommen und es stark verbessert.

Meinen Freunden und Freundinnen, Manon Grashorn, Frank G. Hirschmann, Gudrun Happich, Kai Epstude und Nira Libermann, danke ich herzlich für die Unterstützung in der letzten Zeit und für die vielen Anregungen, sowie auch Markus Denzler, Tory Higgins, Bettina Hannover, Elke Rohmann und Hans-Werner Bierhoff für Diskussionen und Unterstützung. Içiar Martinez hat mir als Sekretärin geholfen, die kleinen und großen Krisen des Alltags zu meistern.

Ein herzlicher Dank geht an die Kollegen und Kolleginnen an der Ruhr-Universität, die meine Arbeit wertschätzen und mich unterstützen, und besonders an Andrea Führer, Stephanie Hanke und Phillip Ozimek für ihre wunderbare Zusammenarbeit, die Herzlichkeit und die vielen Diskussionen.

Roswitha Schüttensack hat mich durch schwierige

Zeiten begleitet und mich motiviert, mein Talent als Therapeut weiter auszubauen. Das war eine unglaublich schöne Erfahrung, die auch meine Forschung bereichert.

Ich danke dem IF Weinheim für die hervorragende Ausbildung als systemischer Therapeut, Berater und Supervisor. Ich habe so viel gelernt und manches so verinnerlicht, dass ich nicht immer sagen kann, wer genau welchen Gedanken in mir ausgelöst hat, der dann in diesem Buch gelandet ist – mein Dank geht an Hagen Böser, Bettina Grote, Cornelia Hennecke, Andreas Klink, Hans Lieb, Karin Nöcker, Angelika Pannen-Burchartz, Martina Pestinger, Claudia Terrahé Hecking und Stephan Theiling. Am IF habe ich auch eine tolle Gruppe neuer Freundinnen und Freunde dazugewonnen. Caroline Schilling, Beate Stocks, Dirk Meyer und Jan Thivissen fordern mich immer wieder heraus und stützen mich.

Zudem danke ich meinen Klienten und Klientinnen, die mich immer wieder anrühren, überraschen und mich wachsen und dazulernen lassen.

Last but not least sei meiner Familie, besonders Mama, Uli und Henk, und allen meinen Freunden und Kollegen gedankt, die mich niemals fallen lassen.

Manfred steht mir in allem bei, in guten wie in schlechten Zeiten. Du bist ein Geschenk.

LITERATUR

Einleitung

Korittko, A. & Pleyer, K. H. (2014): Traumatischer Stress in der Familie: Systemtherapeutische Lösungswege. Göttingen: Vandenhoeck & Ruprecht.

1 Sport

Förster, J., Marguc, J. & Gillebaart, M. (2010): Novelty Categorization Theory. *Social and Personality Psychology Compass*, 4/9, S. 736–755.

Förster, J. (2012): Unser Autopilot. Wie wir Wünsche verwirklichen und Ziele erreichen können – von der Motivationspsychologie lernen. München: DVA.

Storch, M., Cantieni, B., Hüther, G. & Tschacher, W. (2006): Embodiment. Die Wechselwirkung von Körper und Psyche verstehen und nutzen. Bern: Huber.

Steptoe, A. S. & Butler, N. (1996): »Sports participation and emotional wellbeing in adolescents«, in: *The Lancet*, 347(9018), S. 1789–1792.

Friedman, R. & Förster, J. (2010): »Implicit affective cues and attentional tuning: An integrative review«, in: *Psychological Bulletin*, *136*, S. 875–893.

Friedman, R., Fishbach, A., Förster, J. & Werth, L. (2003): »Attentional priming effects on creativity«, in: *Creativity Research Journal*, 15, S. 277–286.

Förster, J., Friedman, R. & Liberman N. (2004): »Temporal construal effects on abstract and concrete thinking: Consequences for insight and creative cognition«, in: *Journal of Personality and Social Psychology*, 87, S. 177–189.

Liberman, N., Polack, O., Hameiri, B. & Blumenfeld, M. (2012): »Priming of spatial distance enhances children's creative performance«, in: *Journal of experimental child psychology*, 111(4), S. 663–670.

Kattenstroth, J. C., Kalisch, T., Holt, S., Tegenthoff, M. & Dinse, H. R. (2013): »Six months of dance intervention enhances postural, sensorimotor, and cognitive performance in elderly without affecting cardio-respiratory functions«, in: *Frontiers in Aging Neuroscience*, 5.

2 Natur

Ryan, R. M., Weinstein, N., Bernstein, J., Brown, K. W., Mistretta, L., Gagne, M. (2010): »Vitalizing effects of being outdoors and in nature«, in: *Journal of Environmental Psychology*, 30(2), S. 159–168.

Hartig, T., van den Berg, A. E., Hagerhall, C. M., Tomalak, M., Bauer, N., Hansmann, R. & Waaseth, G. (2011): »Health benefits of nature experience: Psychological, social and cultural processes«, in: Nilsson, K., Sangster, M., Gallis, C., Hartig, T., de Vries, S., Seeland, K., Schipperijn, J. (Hg.): Forests, Trees and Human Health. Dordrecht: Springer, S. 127–168.

Lichtenfeld, S., Elliot, A. J., Maier, M. A. & Pekrun, R. (2012): »Fertile green: green facilitates creative performance«, in: *Personality and Social Psychology Bulletin*, 38(6), S. 784–797.

Herzog, H. (2011): »The Impact of Pets on Human Health and Psychological Well-Being Fact, Fiction, or Hypothesis?«, in: *Current Directions in Psychological Science*, 20(4), S. 236–239.

Chopich, E. J. & Paul, M. (2013): Aussöhnung mit dem inneren Kind. Berlin: Ullstein.

Schulz von Thun, F. (1998): Miteinander reden 3. Das »innere Team« und situationsgerechte Kommunikation. Reinbek: Rowohlt.

Berne, E. (2011): Games people play: The basic handbook of transactional analysis. Tantor eBooks.

Frumkin, H. (2001): »Beyond toxicity: human health and the natural environment«, in: *American Journal of Preventive Medicine*, 20(3), S. 234–240

3 Freunde, Gleichgesinnte

McKenna, K. Y. & Bargh, J. A. (1998): »Coming Out in the Age of the Internet: Identity ›demarginalization‹ through virtual group participation«, in: *Journal of Personality and Social Psychology*, 75(3), S. 681– 694.

Kelly, J. F., Hoeppner, B., Stout, R. L. & Pagano, M. (2012): »Determining the relative importance of the mechanisms of behavior change within Alcoholics Anonymous: A multiple mediator analysis«, in: *Addiction*, 107(2), S. 289–299.

Etzion, D. (1984): »Moderating effect of social support on the stress-Burn-out relationship«, in: *Journal of applied psychology*, 69(4), S. 615–622.

4 Coaching

Beutler, L. E., Machado, P. P. & Neufeldt, S. A. (1994): »Therapist variables«, in: Bergin, A. E. & Garfield, S. L. (Hg.): Handbook of psychotherapy and behavior change. New York: Wiley, S. 229–269.

Schöttke, H., Flückiger, C., Goldberg, S. B., Eversmann, J. & Lange, J. (2015): »Predicting psychotherapy outcome based on therapist interpersonal skills: A five-year longitudinal study of a therapist assessment protocol«, in: *Psychotherapy Research*, S. 1–11.

Wittchen, H. U., Jacobi, F., Rehm, J., Gustavsson, A., Svensson, M., Jönsson, B. et. al. (2011): »The size and burden of mental disorders and other disorders of the brain in Europe

2010«, in: *European Neuropsychopharmacology*, 21(9), S. 655–679.

Schlippe, A. von & Schweitzer, J. (2012): Lehrbuch der systemischen Therapie und Beratung I. Das Grundlagenwissen. Göttingen: Vandenhoeck & Ruprecht.

Ludewig, K. (2013): Entwicklungen systemischer Therapie. Einblicke, Entzerrungen, Ausblicke. Heidelberg: Carl Auer.

5 Achtsamkeit

Langer, E. J. (2014): Mindfulness. Boston: Da Capo Press.

Bishop, S. R., Lau, M., Shapiro, S., Carlson, L., Anderson, N. D., Carmody, J. & Devins, G. (2004): »Mindfulness: A proposed operational definition«, in: *Clinical Psychology: Science and Practice*, 11 (3), S. 230–241.

Brown, K. W. & Ryan, R. M. (2003): »The benefits of being present: mindfulness and its role in psychological well-being«, in: *Journal of Personality and Social Psychology*, 84(4), S. 822–848.

Pinkall, T. (2009): »one moment passes/another comes on. Die Praxis der Achtsamkeit in systemischer Beratung und Therapie«, in: *Zeitschrift für systemische Therapie und Beratung*, 3/09, S. 147–153.

Bay, J. C. (2012): *Achtsam durch den Tag*. Oberstdorf: Windpferd.

Stepper, S. & Strack, F. (1993): »Proprioceptive determinants of emotional and nonemotional feelings«, in: *Journal of Personality and Social Psychology*, 64(2), S. 211.

Förster, J. & Nussbaum, M. (2016): Eine Begegnung mit der Schublade auf Augenhöhe. Wie man körperliche Metaphern zur Vorurteilssensibilisierung einsetzen kann. Conference Institut für Familientherapie; Weinheim.

Förster, J. & Strack, F. (1996): »Influence of overt head movements on memory for valenced words: a case of conceptual-motor compatibility«, in: *Journal of Personality and Social Psychology*, 71(3), S. 421–430.

Friedman, R. S. & Förster, J. (2002): »The influence of approach and avoidance motor actions on creative cognition«, in: *Journal of Experimental Social Psychology*, 38(1), S. 41–55.

Wiers, R. W., Rinck, M., Kordts, R., Houben, K. & Strack, F. (2010): Retraining automatic action tendencies to approach alcohol in hazardous drinkers. *Addiction*, 105(2), 279–287.

Grote, B. (2014): »Die Kunst des Herausstellens«, in: *Systhema*, 3, S. 262–266.

Zeig, J. K. (Hg.) (2006): Meine Stimme begleitet Sie überallhin. Ein Lehrseminar mit Milton H. Erickson, Konzepte der Humanwissenschaften. Stuttgart: Klett-Cotta.

6 Religion und Spiritualität

van Elk, M., Rutjens, B., van Harreveld, F. & van der Pligt, J. (2016): »Priming of supernatural agent concepts and agency detection«, in: *Religion, Brain and Behavior*, 6(1), S. 4–33.

Steger, M. F. & Frazier, P. (2005): »Meaning in Life: One link in the chain from religiousness to well-being«, in: *Journal of Counseling Psychology*, 52, S. 574–582.

McCullough, M. E., Willoughby, B. L. B. (2009): »Religion, self-regulation, and self-control: Associations, explanations, and implications«, in: *Psychological Bulletin*, 135, S. 69–93.

Friese, M. & Wänke, M. (2014): »Personal prayer buffers self-control depletion«, in: *Journal of Experimental Social Psychology*, 51, S. 56–59.

Geyer, A. L. & Baumeister, R. F. (2005): »Religion, Morality, and Self-Control: Values, Virtues, and Vices«, in: Paloutzian, R. F., Park, C. L. (Hg.): Handbook of the Psychology of Religion and Spirituality. New York: The Guilford Press, S. 412–432.

Muraven, M. & Baumeister, R. F. (2000): »Self-regulation and depletion of limited resources: Does self-control resemble a muscle?«, in: *Psychological Bulletin*, 126(2), S. 247–259.

Happich, G. (2011): Ärmel hoch! Die 20 schwierigsten Führungsthemen und wie Top-Führungskräfte sie anpacken. Zürich: Orell Füssli.

Arndt, J., Solomon, S., Kasser, T. & Sheldon, K. M. (2004): »The urge to splurge: A terror management account of materialism and consumer behavior«, in: *Journal of Consumer Psychology*, 14(3), S. 198–212.

Förster, J. (2015): Was das Haben mit dem Sein macht. Die neue Psychologie von Konsum und Verzicht. München: Pattloch.

7 Spenden, Ehrenamt, Helfen

Bierhoff, H. W. (2002): Prosocial behaviour. London: Psychology Press.

Dunn, E. W., Aknin, L. B. & Norton, M. I. (2008): »Spending money on others promotes happiness«, in: *Science*, 319(5870), S. 1687–1688.

Aknin, L. B., Barrington-Leigh, C. P., Dunn, E. W., Helliwell, J. F., Burns, J., Biswas-Diener, R. & Norton, M. I. (2013): »Prosocial spending and well-being: Cross-cultural evidence for a psychological universal«, in: *Journal of Personality and Social Psychology*, 104(4), S. 635–652.

Thoits, P. A. & Hewitt, L. N. (2001): »Volunteer work and well-being«, in: *Journal of health and social behavior*, 42(2), S. 115–131.

Korittko, A. (2012): Posttraumatische Belastungsstörungen bei Kindern und Jugendlichen. Störungen systemisch behandeln. Heidelberg: Carl Auer.

8 Wellness für Körper und Seele

Kellmann, M. (2010): »Preventing overtraining in athletes in high-intensity sports and stress/recovery monitoring«, in:

Scandinavian journal of medicine and science in sports, 20(s2), S. 95–102.

Smith, J. C. (2005): Relaxation, meditation, & mindfulness: A mental health practitioner's guide to new and traditional approaches. New York: Springer Publishing Company.

Öttingen, G. (2015): Die Psychologie des Gelingens. München: Pattloch.

Cacioppo, J. T., Petty, R. E., Feinstein, J. A. & Jarvis, W. B. G. (1996): »Dispositional differences in cognitive motivation: The life and times of individuals varying in need for cognition«, in: *Psychological Bulletin*, 119(2), 197–253.

9 Hobbys und Lernen

Oettingen, G. (2015): Die Psychologie des Gelingens. München: Pattloch.

Linville, P. W. (1987): »Self-complexity as a cognitive buffer against stress-related illness and depression«, in: *Journal of Personality and Social Psychology*, 52(4), S. 663–676.

McLeod, P. L., Lobel, S. A. & Cox, T. H. (1996): »Ethnic diversity and creativity in small groups«, in: *Small group research*, 27(2), S. 248–264.

Hesse, P. U. (2000): Teilearbeit. Konzepte von Multiplizität in ausgewählten Bereichen moderner Psychotherapie. Heidelberg: Verlag für Systemische Forschung.

Schulz von Thun, F. (1998): Miteinander reden 3. Das »innere Team« und situationsgerechte Kommunikation. Reinbek: Rowohlt.

10 Musik und Kunst

Martindale, C. (2007): »Recent trends in the psychological study of aesthetics, creativity, and the arts«, in: *Empirical Studies of the Arts*, 25(2), S. 121–141.

Friedman, R. S., Gordis, E. & Förster, J. (2012): »Re-exploring the influence of sad mood on music preference«, in: *Media Psychology*, 15(3), S. 249–266.

Fischer, P. & Greitemeyer, T. (2006): »Music and aggression: The impact of sexual-aggressive song lyrics on aggression-related thoughts, emotions, and behavior toward the same and the opposite sex«, in: *Personality and Social Psychology Bulletin*, 32(9), S. 1165–1176.

Denzler, M. & Förster, J. (2012): »A goal model of catharsis«, in: *European Review of Social Psychology*, 23(1), S. 107–142.

van den Tol, A. J. M. & Edwards, J. (2014): »Listening to sad music in adverse situations: How music selection strategies relate to self-regulatory goals, listening effects, and mood enhancement«, in: *Psychology of Music*, 43(4), S. 473–494.

Mehta, R. & Zhu, R. J. (2009): »Blue or red? Exploring the effect of color on cognitive task performances«, in: *Science*, 323(5918), S. 1226–1229.

11 Der Umgang mit der Krise

Freud, S. (1999): Die Verdrängung (1915), in: Sigmund Freud, Gesammelte Werke, 10, S. 248–261.

Rothermund, K. & Brandstädter, J. (2003): »Coping with deficits and losses in later life: from compensatory action to accommodation«, in: *Psychology and aging*, 18(4), S. 896–905.

Förster, J., Grant, H., Idson, L. C. & Higgins, E. T. (2001): »Success/failure feedback, expectancies, and approach/avoidance motivation: How regulatory focus moderates classic relations«, in: *Journal of Experimental Social Psychology*, 37(3), S. 253–260.

Stroebe, M. S., Hansson, R. O., Schut, H. E., Stroebe, W. E. & Van den Blink, E. I. (2008). Handbook of bereavement research and practice: Advances in theory and intervention. American Psychological Association.

Shafir, R., Schwartz, N., Blechert, J. & Sheppes, G. (2015): »Emotional Intensity Influences Pre-implementation and Implementation of Distraction and Reappraisal«, in: *Social Cognitive and Affective Neuroscience*, 10(10), S.1329–1337.

Sheppes, G. & Meiran, N. (2008): »Divergent cognitive costs for online forms of reappraisal and distraction«, in: *Emotion*, 8(6), S. 870–884.

12 Krisen einen Sinn geben

Steger, M. F., Frazier, P., Oishi, S. & Kaler, M. (2006): »The meaning in life questionnaire: Assessing the presence of and search for meaning in life«, in: *Journal of Counseling Psychology*, 53(1), S. 80.

Park, C. L. (2010): »Making sense of the meaning literature: an integrative review of meaning making and its effects on adjustment to stressful life events«, in: *Psychological Bulletin*, 136(2), S. 257.

Shafir, R., Schwartz, N., Blechert, J. & Sheppes, G. (2015): »Emotional Intensity Influences Pre-implementation and Implementation of Distraction and Reappraisal«, in: *Social Cognitive and Affective Neuroscience*, 10(10), S.1329–1337.

Sheppes, G. & Meiran, N. (2008): »Divergent cognitive costs for online forms of reappraisal and distraction«, in: *Emotion*, 8(6), S. 870–884.

12 Krisen einen Sinn geben

Steger, M. F., Frazier, P., Oishi, S. & Kaler, M. (2006): »The meaning in life questionnaire: Assessing the presence of and search for meaning in life«, in: *Journal of Counseling Psychology*, 53(1), S. 80.

Park, C. L. (2010): »Making sense of the meaning literature: an integrative review of meaning making and its effects on adjustment to stressful life events«, in: *Psychological Bulletin*, 136(2), S. 257.